# 21 líderes afroamericanos inspiradores

## Las vidas de grandes triunfadores del siglo XX: Martin Luther King Jr., Malcolm X, Bob Marley y otras personalidades (Libro de biografías para jóvenes y adultos)

Por Student Press Books

# Índice de contenidos

# Introducción

**Conoce a los líderes afroamericanos inspiradores del siglo XX: biografías para mayores de 12 años.**

Bienvenido a la serie de Historia de la raza negra. Este libro le presenta a los líderes afroamericanos más influyentes del siglo XX. Con **21 líderes afroamericanos inspiradores, este libro** presenta atractivas biografías de pioneros de América, África y Europa.

Todos hemos oído hablar de Nelson Mandela y del Dr. King, pero ¿Cuántos de vosotros conocéis la historia de Steve Biko? En este cautivador libro, conoceréis a estos y a otros héroes negros no reconocidos del siglo XX.

Disfruta de esta colección de 21 historias fascinantes sobre las vidas de algunos de los líderes afroamericanos más inspiradores del siglo XX. Tanto si quieres inspirarte como si sólo tienes curiosidad, este libro tiene contiene historias que te cautivarán.

Las generaciones jóvenes tendrán una lectura emocionante y descubrirán cómo estos hombres pasaron por muchas cosas para cambiar sus vidas y carreras, y educarse mientras superaban la adversidad en el camino. Las generaciones mayores podrán reflexionar sobre sus luchas mientras leen las pruebas a las que se enfrentaron estos hombres.

**Este libro de la serie Historia de la raza negra abarca:**

- Biografías fascinantes: una lectura sobre personajes famosos, influyentes e inspiradores como Jesse Owens, Patrice Lumumba y Jackie Robinson, así como sobre pioneros menos conocidos como Kofi Annan y James Farmer.
- Retratos vívidos: haz que estos Héroes de raza negra cobren vida en tu imaginación con la ayuda de estimulantes fotos o ilustraciones.

**Sobre la serie:** La serie Historia de la raza negra de Student Press Books presenta nuevas perspectivas sobre los héroes de raza negra que inspirarán a los jóvenes lectores a considerar su lugar en una sociedad cada vez más diversa. ¿Quién será tu próxima fuente de inspiración?

21 líderes afroamericanos inspiradores va más allá de otros libros de biografías de personajes negros, ya que su intención es destacar temas y personas de todo el mundo.

# Tu regalo

Tienes un libro en tus manos.

No es un libro cualquiera, es un libro de Student Press Books. Escribimos sobre héroes negros, mujeres empoderadas, mitología, filosofía, historia y otros temas interesantes.

Ya que has comprado un libro, queremos que tengas otro gratis.

Todo lo que necesita es una dirección de correo electrónico y la posibilidad de suscribirse a nuestro boletín (lo que significa que puede darse de baja en cualquier momento).

¿A qué espera? Suscríbase hoy mismo y reclame su libro gratuito al instante. Todo lo que tiene que hacer es visitar el siguiente enlace e introducir su dirección de correo electrónico. Se le enviará el enlace para descargar la versión en PDF del libro inmediatamente para que pueda leerlo sin conexión en cualquier momento.

Y no te preocupes: no hay trampas ni cargos ocultos; sólo un regalo a la vieja usanza por parte de Student Press Books.

Visite este enlace ahora mismo y suscríbase para recibir un ejemplar gratuito de uno de nuestros libros.

Link: https://campsite.bio/studentpressbooks

# Benjamin O. Davis Jr. (1912-2002)

**General y comandante de la Fuerza Aérea estadounidense**

---

*"Los privilegios de ser estadounidense pertenecen a aquellos lo suficientemente valientes como para luchar por ellos".*

---

En su momento, Benjamin Oliver Davis, Jr. fue el oficial afroamericano de mayor rango en el ejército de Estados Unidos. Fue el primer afroamericano que se graduó en West Point en el siglo XX, y lo hizo con honores, terminando en el puesto 35 de 276 de su promoción.

Benjamin Oliver Davis, Jr. nació en Washington, D.C. el 18 de diciembre de 1912. Hijo de Benjamin Oliver Davis, Sr., el primer general afroamericano del ejército de los Estados Unidos, Benjamin Junior creció en Alabama y en Cleveland, Ohio.

Davis fue presidente de su clase en el instituto. El joven Davis estudió en la Western Reserve University (ahora Case Western Reserve University) de Ohio y en la Universidad de Chicago de Illinois antes de ingresar en la Academia Militar de los Estados Unidos en West Point, Nueva York, en 1932.

Benjamin Oliver Davis, Jr. fue rechazado por el club de oficiales durante su primer destino en Fort Benning, Georgia, pero más tarde comandó el 99º escuadrón de cazas, compuesto exclusivamente por negros, a petición de la administración Roosevelt. Davis organizó y dirigió el 332º Grupo de Cazas en 1943. (los Tuskegee Airmen).

Durante la Segunda Guerra Mundial, Davis voló en 60 misiones y recibió la Estrella de Plata. En 1944 obtuvo el rango de coronel y en 1954 se convirtió en el primer general afroamericano de la historia de las Fuerzas Aéreas de los Estados Unidos.

Davis fue ascendido a teniente general en 1965 y fue Director de Seguridad de la Aviación Civil y Subsecretario de Seguridad Ambiental y Asuntos del Consumidor en el Departamento de Transporte. El último destino de Davis antes de jubilarse fue el de jefe de personal de las fuerzas estadounidenses en Corea y jefe de personal de la Comisión de las Naciones Unidas en ese país.

La autobiografía de Davis se publicó en 1991. Proporcionó una nueva visión de las relaciones raciales en el ejército de los Estados Unidos. Benjamin Oliver Davis, Jr. murió el 4 de julio de 2002 en Washington, D.C.

**Destacados**

- Benjamin Oliver Davis, Jr. fue un piloto, oficial y administrador que se convirtió en el primer general afroamericano de las Fuerzas Aéreas de Estados Unidos.
- Su padre, Benjamin O. Davis, Sr., fue el primer afroamericano que llegó a ser general en cualquier rama del ejército estadounidense.
- Al final de la guerra, el propio Davis había volado en 60 misiones de combate y había sido ascendido a coronel.

- Benjamin O. Davis, Jr. estadounidense, su autobiografía publicada en 1991, relata su carrera.

---

*Preguntas de investigación*

---

1. ¿Cómo llegó Benjamin Oliver Davis, Jr. a ser oficial?
2. ¿Harían un increíble drama televisivo sobre su vida, programa o biografía?
3. ¿Cuál es su película favorita sobre la guerra o el servicio militar?
4. ¿Cuáles son las ideas erróneas que ha escuchado con respecto a los soldados negros después de la Segunda Guerra Mundial?

# Thurgood Marshall (1908-1993)

**Juez del Tribunal Supremo de los Estados Unidos**

---

*"Cada uno de vosotros, como individuo, debe elegir sus propios objetivos. Escuchad a los demás, pero no os convirtáis en seguidores ciegos. "*

---

El abogado estadounidense Thurgood Marshall se convirtió en el primer juez afroamericano del Tribunal Supremo de Estados Unidos. Como abogado y, más tarde, como juez, fue un abierto defensor de los derechos civiles.

Marshall nació en Baltimore, Maryland, el 2 de julio de 1908. Estudió en la Universidad Lincoln y se graduó como primero de su clase en la facultad de Derecho de la Universidad Howard en 1933. Comenzó a ejercer la abogacía en Baltimore antes de incorporarse al personal jurídico de la Asociación Nacional para el Progreso de las Personas de Color (NAACP) en 1936, donde se especializó en casos de derechos civiles.

Thurgood Marshall se convirtió en su abogado jefe en 1938. De los 32 casos que Marshall defendió ante el Tribunal Supremo, ganó 29. Su victoria más notable se produjo con el caso Brown vs. Board of Education of Topeka (1954), en el que el Tribunal Supremo anuló la política de "separados pero iguales" que se había utilizado para justificar la segregación racial en las escuelas públicas.

Más tarde, Marshall fue juez de un tribunal de apelación de Estados Unidos de 1962 a 1965 y procurador general de Estados Unidos de 1965 a 1967, tras lo cual el presidente Lyndon B. Johnson lo nombró juez asociado del Tribunal Supremo.

Como juez liberal del Tribunal Supremo, Marshall era conocido por atacar la discriminación, oponerse a la pena de muerte y defender la libertad de expresión y las libertades civiles. Se retiró del cargo en 1991. Marshall murió en Bethesda, Maryland, el 24 de enero de 1993.

**Destacados**

- Como abogado, defendió con éxito ante el Tribunal el caso Brown contra el Consejo de Educación de Topeka (1954), que declaró inconstitucional la segregación racial en las escuelas públicas estadounidenses.
- El presidente Lyndon B. Johnson nombró a Marshall procurador general de los Estados Unidos en julio de 1965 y lo nominó para el Tribunal Supremo el 13 de junio de 1967; la nominación de Marshall fue confirmada (1969-2011) por el Senado de los Estados Unidos el 30 de agosto de 1967.
- Marshall formó parte del Tribunal Supremo en un periodo de grandes cambios ideológicos.

---

*Preguntas de investigación*

---

1. ¿Cómo cree que habría reaccionado Thurgood Marshall cuando se enteró de que había sido nominado como el primer juez negro del Tribunal Supremo?
2. ¿Alguna vez la gente se sintió decepcionada porque esperaba más de Thurgood?
3. ¿Qué consejo puede dar a nuestra generación de activistas y futuros líderes que quieran seguir sus pasos o convertirse en lo que les plazca, independientemente de su raza, su aspecto, su procedencia o su nivel de estudios?

# Malcolm X (1925-1965)

**Líder musulmán estadounidense**

---

*"Un hombre que no defiende nada, caerá por cualquier cosa".*

---

Militante negro, Malcolm X defendió los derechos de los afroamericanos y les instó a desarrollar la unidad racial. Fue conocido por su asociación primero con la Nación del Islam, a veces conocida como los Musulmanes Negros, y más tarde con la Organización de Unidad Afroamericana, que fundó tras romper con la Nación del Islam.

Malcolm Little nació en Omaha, Nebraska, el 19 de mayo de 1925, siendo el séptimo de 11 hijos. La familia se trasladó pronto a Lansing, Michigan. Allí sufrieron el acoso de los blancos, a quienes les molestaban las opiniones nacionalistas negras del padre, Earl Little, organizador del movimiento de Marcus Garvey de "vuelta a África".

Cuando Malcolm tenía seis años, su padre fue asesinado. Más tarde, su madre sufrió una crisis nerviosa y la familia fue separada por los organismos de asistencia social. Más adelante, Malcolm llegó a creer que los blancos habían destruido a su familia.

Colocado en una serie de escuelas e internados, Malcolm se convirtió en un buen estudiante y soñaba con ser abogado. Sin embargo, un profesor le dijo que, por ser negro, debía aprender carpintería. Desanimado, dejó la escuela después del octavo grado para vivir con un pariente en Boston, Massachusetts.

Malcolm lustró zapatos y trabajó en una fuente de soda, en un restaurante y en el equipo de cocina de un ferrocarril. En 1942 se trasladó al barrio negro de Harlem, en Nueva York. Vivía como un buscavidas, haciendo trampas para ganar dinero. Desconfiaba de la policía. Vendía drogas y se convirtió en un adicto. Perseguido por un estafador rival, regresó a Boston, donde organizó una red de robos. En 1946 fue enviado a prisión por robo.

Durante su estancia en la cárcel, Malcolm adoptó la forma de islamismo practicada por un grupo que más tarde se conocería como la Nación del Islam. Hacían hincapié en la conducta ética con otros afroamericanos, pero enseñaban que los blancos eran "demonios". Liberado de la cárcel en 1952, Malcolm se reunió con su hermano menor en Detroit, Michigan. Malcolm sustituyó su apellido por una X para simbolizar su perdido "verdadero apellido africano". Esta era una costumbre entre los seguidores de la Nación del Islam, que consideraban que sus apellidos tenían su origen en los esclavistas blancos.

Malcolm X pronto se convirtió en un participante activo en la Nación del Islam. Ayudó al líder nacional, Elijah Muhammad, iniciando muchos grupos musulmanes nuevos en todo Estados Unidos. Su éxito como reclutador fue el resultado de su habilidad como orador, ya que se esforzó por inculcar el orgullo racial en sus oyentes negros y relató los sufrimientos de los negros bajo la dominación blanca. En 1954 regresó a Nueva York para convertirse en ministro del importante templo de Harlem. En 1957 fundó el periódico musulmán Muhammad Speaks.

A principios de la década de 1960, la Nación del Islam ya era conocida a nivel nacional. Malcolm X era su ministro nacional más eficaz y su portavoz más reconocido. Sin embargo, era cada vez más ignorado por los musulmanes negros, que le acusaban de buscar la gloria personal.

En 1963, Malcolm X fue silenciado oficialmente por su comentario de que el asesinato del presidente John F. Kennedy era un caso de "las gallinas que vuelven a casa para dormir". Elijah Muhammad lo suspendió del movimiento.

En 1964, Malcolm X rompió completamente con la Nación del Islam y comenzó a crear su propia Organización de Unidad Afroamericana (OAAU). Hizo el hajj, o peregrinaje a La Meca, Arabia Saudí, para conocer el "verdadero Islam". Impresionado por el compañerismo que observó entre los peregrinos de todos los colores, Malcolm X llegó a creer que los blancos, al igual que los negros, eran víctimas de una sociedad racista. Pensó que el Islam podría unir algún día a personas de todas las razas. Después del hajj adoptó el nombre de el-Hajj Malik el-Shabazz.

Durante sus posteriores viajes a naciones africanas, donde fue honrado por sus estadistas, Malcolm X comenzó a abogar por el panafricanismo. Creía que los negros de todo el mundo debían unirse para combatir el racismo.

Durante el invierno de 1964-1965 Malcolm X recibió varias amenazas de muerte y su casa fue bombardeada. El 21 de febrero de 1965, mientras hablaba en un mitin de la OAAU en Harlem, fue asesinado a tiros. Tres miembros de la Nación del Islam fueron condenados por el asesinato.

La muerte de Malcolm X entristeció tanto a los blancos como a los negros que admiraban su incansable lucha por construir el orgullo negro y que compartían sus esperanzas de que todas las razas pudieran unirse algún día en la hermandad. Malcolm X dejó a su esposa, Betty Shabazz, con la que se había casado en 1958. Tuvieron seis hijas.

La autobiografía de Malcolm X, publicada póstumamente en 1965, fue escrita por Alex Haley, autor de Raíces. El libro se basaba en muchas entrevistas que Haley había realizado a Malcolm X poco antes de su asesinato.

En 1992, el director Spike Lee estrenó la película Malcolm X, protagonizada por Denzel Washington en el papel principal. La popular aunque controvertida película reavivó el interés por el líder asesinado, especialmente entre los jóvenes afroamericanos.

**Destacados**

- Malcolm X, nombre original Malcolm Little, nombre musulmán el-Hajj Malik el-Shabazz, fue un líder afroamericano y figura destacada de la Nación del Islam que articuló conceptos de orgullo racial y nacionalismo negro a principios de la década de 1960.
- Tras su salida de la cárcel, Malcolm ayudó a dirigir la Nación del Islam durante el periodo de mayor crecimiento e influencia.
- Tras su asesinato, la amplia difusión de la historia de su vida -La Autobiografía de Malcolm X (1965)- lo convirtió en un héroe ideológico, especialmente entre los jóvenes negros.

---

*Preguntas de investigación*

---

1. ¿Qué opina de la transformación de Malcolm X de criminal a líder del Movimiento por los Derechos Civiles?
2. ¿Qué crees que tuvo mayor impacto, su mensaje o sus acciones? ¿Por qué?
3. ¿Cómo hacer para que una figura tan divisiva no sea olvidada o tergiversada en el mundo actual?
4. ¿Cree que es hora de que haya más héroes negros en nuestra sociedad?

# Jackie Robinson (1919-1972)

**Jugador de béisbol estadounidense**

---

*"Por encima de todo, odio perder".*

---

"*Una vida no es importante sino por el impacto que tiene en otras vidas*", reza la lápida de Jackie Robinson, el primer atleta afroamericano que jugó en las grandes ligas de béisbol en el siglo XX. Al romper la barrera del color en 1947, Robinson hizo grandes progresos no sólo para los atletas negros, sino también para todos los que se preocupan por la justicia racial.

Jack Roosevelt Robinson nació el 31 de enero de 1919 en El Cairo, Georgia, pero creció en Pasadena, California. Tras demostrar una excepcional capacidad atlética durante el instituto y la universidad, destacó en el béisbol, el fútbol americano, el baloncesto y el atletismo en la Universidad de California en Los Ángeles (UCLA) y se convirtió en el primer estudiante de la escuela en ganar cuatro letras en un año.

Robinson dejó la UCLA en 1941 y jugó brevemente al fútbol profesional antes de ser reclutado por el ejército de Estados Unidos. Durante su servicio, se negó a sentarse en la parte trasera de un autobús y fue amenazado con un consejo de guerra, pero los cargos fueron retirados, y se le dio una baja honorable en 1945.

Mientras jugaba al béisbol con los Monarchs de Kansas City en la Liga Nacional Negra, Robinson llamó la atención de un ojeador de los Dodgers de Brooklyn (ahora Los Ángeles) y llamó la atención del presidente del equipo, Branch Rickey. El béisbol de las Grandes Ligas estaba cerrado a los jugadores negros en aquella época. Rickey pensó que esto era un error y quiso encontrar a alguien que pudiera integrar con éxito el deporte. Tras conocer a Robinson y quedar impresionado por su valor y su habilidad, Rickey lo contrató el 23 de octubre de 1945 para jugar en el equipo AAA de los Dodgers en Montreal. Durante la temporada de 1946, Robinson bateó .349 con el club de la granja y llevó al equipo a la victoria en la Pequeña Serie Mundial.

Jackie Robinson debutó en las Grandes Ligas en abril de 1947. El principal problema que tuvo que superar fue el de controlar su ardiente temperamento ante los continuos insultos racistas del público y de otros jugadores, incluidos algunos de sus propios compañeros de equipo.

Robinson no rompió su promesa a Rickey de permanecer en silencio, aunque los lanzadores a veces le lanzaban deliberadamente, los hoteles en los partidos fuera de casa a menudo no le acomodaban, y él y su familia recibieron amenazas de muerte. Jackie Robinson dejó que sus acciones hablaran, bateando .297 y liderando la Liga Nacional en bases robadas. Fue elegido novato del año al final de la temporada.

El promedio de .342 de Jackie Robinson lo convirtió en el campeón de bateo de la liga y en el jugador más valioso en 1949. Durante su carrera, en la que se desempeñó principalmente como segunda base, Robinson ayudó a los Dodgers a ganar seis banderines de la Liga Nacional y un título de la Serie Mundial.

Jackie Robinson se retiró en 1956 con un promedio de bateo de .311 de por vida y 197 bases robadas en total. Los Dodgers retiraron posteriormente su camiseta con el número 42. Cuando fue elegido para el Salón de la Fama del Béisbol en 1962, fue el primer jugador negro en ser honrado.

Cuando Jackie Robinson dejó el béisbol, se dedicó a los negocios mientras seguía trabajando en favor de los derechos civiles. La diabetes y los problemas cardíacos afectaron a su vida posterior, y murió el 24 de octubre de 1972 en Stamford, Connecticut. Al año siguiente, su mujer creó la Fundación Jackie Robinson para conceder becas a las minorías. En 1997, el béisbol de las Grandes Ligas celebró durante toda la temporada el 50º aniversario de su histórico debut.

**Destacados**

- Jackie Robinson, de nombre Jack Roosevelt Robinson, fue el primer jugador de béisbol negro que jugó en las grandes ligas estadounidenses durante el siglo XX.
- El 15 de abril de 1947, Robinson rompió la "línea de color" de las Grandes Ligas de Béisbol, que duraba décadas, cuando salió al campo con los Dodgers de Brooklyn de la Liga Nacional.
- En 1942 ingresó en el ejército estadounidense y asistió a la escuela de candidatos a oficiales; fue nombrado subteniente en 1943.
- Su autobiografía, I Never Had It Made, se publicó en 1972.

---

*Preguntas de investigación*

---

1. ¿Qué es lo que más le gusta de Jackie Robinson?
2. ¿Cómo cambió Jackie Robinson el béisbol de las Grandes Ligas?
3. Además de ser un jugador de béisbol, ¿qué más hizo Robinson por la sociedad y a nivel personal?

# Jesse Owens (1913-1980)

**Atleta de atletismo afroamericano**

---

*"Todos tenemos sueños. Para hacer que los sueños se conviertan en realidad, hace falta mucha determinación, dedicación, autodisciplina y esfuerzo."*

---

Los Juegos Olímpicos de 1936 se celebraron en Berlín, Alemania, bajo los auspicios del nuevo régimen nazi. La intención de Adolf Hitler era utilizar los juegos para demostrar lo que él creía que era la superioridad de la raza aria, o blanca. Este objetivo se vio seriamente socavado cuando un atleta afroamericano llamado Jesse Owens ganó cuatro medallas de oro en pruebas de atletismo.

James Cleveland Owens nació en Oakville, Alabama, el 12, 1913. A principios de la década de 1920, su familia se trasladó a Cleveland, Ohio, en busca de mejores oportunidades económicas y educativas. Estableció sus primeros récords de atletismo en salto de altura y en salto de longitud mientras era alumno de la Fairmount Junior High School en 1928.

Jesse se convirtió en una estrella del atletismo en la escuela secundaria y, al final de su último año, batió tres récords nacionales interescolares en el encuentro nacional de estudiantes en Chicago. Se matriculó en la Universidad Estatal de Ohio en septiembre de 1933 y allí tuvo una notable carrera de atletismo. El 25 de mayo de 1935, durante un encuentro de la Big Ten en la Universidad de Michigan, Owens igualó el récord mundial de las 100 yardas (9,4 segundos) y estableció nuevos récords mundiales de las 220 yardas (20,3 segundos), las 220 yardas con vallas bajas (22,6 segundos) y el salto de longitud (26 pies y 8 1/4 pulgadas, o 8,13 metros).

En Berlín, Owens estableció un récord de salto de longitud que duró 25 años. También empató el récord olímpico de los 100 metros lisos (10,3 segundos) y estableció un nuevo récord mundial en los 200 metros lisos (20,7 segundos).

Tras su triunfo olímpico, Owens se licenció en 1937 y trabajó durante varios años para la Comisión Atlética de Illinois. Dejó la comisión en 1955 y realizó viajes de buena voluntad a la India y al Lejano Oriente para el Departamento de Estado. Owens murió en Phoenix, Arizona, el 31 de marzo de 1980.

**Destacados**

- Jesse Owens, de nombre James Cleveland Owens, fue un atleta estadounidense de atletismo que estableció un récord mundial de salto de longitud (también llamado salto de longitud) que se mantuvo durante 25 años y que ganó cuatro medallas de oro en los Juegos Olímpicos de 1936 en Berlín.
- Sus cuatro victorias olímpicas supusieron un golpe para la intención de Adolf Hitler de utilizar los Juegos para demostrar la superioridad aria.

- En 1976 Owens recibió la Medalla Presidencial de la Libertad, y en 1990 se le concedió a título póstumo la Medalla de Oro del Congreso.

---

*Preguntas de investigación*

---

1. ¿Qué opina de la historia de la vida de Jesse Owens?
2. ¿Ha oído hablar de la historia olímpica de Alemania y de los Juegos Olímpicos nazis?
3. Suponga que está en una habitación con Adolf Hitler en este momento, ¿qué le diría?

# Bobby Seale (nacido en 1936)

**Activista político estadounidense, cofundador del Partido de las Panteras Negras**

---

*"No odiamos a nadie por su color. Odiamos la opresión".*

---

El activista político **afroamericano** Bobby Seale fue el fundador, junto con **Huey Newton**, y presidente nacional del Partido de las Panteras Negras. Seale formó parte de una generación de jóvenes radicales afroamericanos que se apartaron del **movimiento de derechos civiles** tradicionalmente no violento para predicar una doctrina de empoderamiento negro militante. Tras la desestimación de los cargos de asesinato que pesaban sobre él en 1971, Seale moderó un poco sus opiniones más militantes y se dedicó a realizar cambios desde dentro del sistema.

Robert Seale nació el 22 de octubre de 1936 en Dallas, Texas, y creció en Dallas y en California. Tras el servicio en las Fuerzas Aéreas de EE.UU., ingresó en el Merritt College, en Oakland, California. Allí arraigó su radicalismo en 1962, cuando escuchó por primera vez a Malcolm X. Seale ayudó a fundar los Panteras Negras en 1966. Los Panteras Negras, conocidos por sus opiniones violentas, también dirigían clínicas médicas y servían desayunos gratuitos a los escolares, entre otros programas.

En 1969 Seale fue acusado en Chicago, Illinois, de conspiración para incitar a los disturbios durante la convención nacional demócrata del año anterior. El tribunal se negó a permitirle elegir su abogado. Cuando Seale se levantó repetidamente para insistir en que se le negaba su derecho constitucional a un abogado, el juez ordenó que se le atara y amordazara. Fue declarado culpable de 16 cargos de desacato y condenado a cuatro años de prisión. En 1970-71, él y un coacusado fueron juzgados por el asesinato en 1969 de un Pantera Negra sospechoso de ser un informante de la policía. El juicio, que duró seis meses, terminó con un jurado en desacuerdo.

Tras salir de la cárcel, Seale renunció a la violencia como medio para alcanzar un fin y anunció su intención de trabajar en el proceso político. Se presentó como candidato a la alcaldía de Oakland en 1973, quedando en segundo lugar. Cuando el Partido de las Panteras Negras desapareció de la escena pública, Seale asumió un papel más tranquilo, trabajando para mejorar los servicios sociales en los barrios negros y para mejorar el medio ambiente. Entre los escritos de Seale figuran obras tan diversas como SEIZE THE TIME (1970), una historia del movimiento de las Panteras Negras, y BARBEQUE'N WITH BOBBY (1988), un libro de cocina.

**Destacados**

- Bobby Seale formó parte de una generación de jóvenes radicales afroamericanos que se apartaron del movimiento de derechos civiles tradicionalmente no violento para predicar una doctrina de empoderamiento negro militante.
- Tras el servicio en las Fuerzas Aéreas de Estados Unidos, Bobby Seale ingresó en el Merritt College, en Oakland (California), donde su radicalismo echó raíces en 1962, cuando escuchó por primera vez a Malcolm X.
- Bobby Seale se presentó como candidato a la alcaldía de Oakland en 1973, quedando en segundo lugar.

- Cuando el Partido de las Panteras Negras desapareció de la vista pública, Seale asumió un papel más tranquilo, trabajando para mejorar los servicios sociales en los barrios negros y para mejorar el medio ambiente.

---

*Preguntas de investigación*

---

1) ¿Qué opinas de los ideales del partido de las Panteras Negras?
2) ¿Cuál es su sistema político favorito y por qué es una democracia?
3) ¿Qué importancia tuvo Bobby Seale para el empoderamiento de los negros?

# Patrice Lumumba (1925-1961)

**Primer Primer Ministro de la República Democrática Independiente**

---

*"Nadie es perfecto en este mundo imperfecto".*

---

El primer primer ministro de la República Democrática del Congo, Patrice Lumumba, ocupó el cargo durante menos de tres meses y fue asesinado por sus oponentes cuatro meses después de ser expulsado del cargo. Lumumba es venerado como un héroe nacional por su valor y sus ambiciones.

Patrice Lumumba nació en Onalua, en el Congo Belga, el 2 de julio de 1925. No llegó a completar su escolaridad antes de instalarse en Léopoldville, actual Kinshasa, y convertirse en empleado de correos. Durante su estancia en el país, participó activamente en el movimiento sindical y en el partido liberal belga.

En 1956, Patrice Lumumba fue condenado por malversación de fondos en la oficina de correos y encarcelado durante 12 meses. Liberado, se convirtió en vendedor, pero se vio envuelto en los movimientos nacionalistas que florecían en África. En 1958 fundó el Movimiento Nacional Congoleño. Cuando Bélgica concedió la independencia al Congo el 30 de junio de 1960, su partido obtuvo el mayor número de escaños en la asamblea legislativa, y se convirtió en primer ministro del Presidente Joseph Kasavubu, un rival político.

Durante el primer año de independencia, la nueva nación estuvo en constante agitación. El ejército se rebeló y la provincia de Katanga se separó. Los esfuerzos de Lumumba por resolver las crisis fueron infructuosos, y el 5 de septiembre de 1960, Kasavubu le destituyó. Lumumba impugnó la medida, y durante meses se atribuyó la jefatura del gobierno legal. En diciembre fue capturado por las fuerzas de Kasavubu.

Un mes después, Lumumba fue entregado al régimen secesionista de Katanga. Fue asesinado a las pocas horas del traslado. Aunque las circunstancias de su muerte nunca se han explicado adecuadamente, algunas teorías señalaban a su sucesor, Joseph Mobutu, mientras que otras sugerían que la Agencia Central de Inteligencia de Estados Unidos estaba detrás del asesinato.

Sin embargo, un informe publicado por el gobierno belga en noviembre de 2001 reconocía que su país había desempeñado un papel en el asesinato de Lumumba. En febrero de 2002, el gobierno belga se disculpó formalmente con la familia de Lumumba.

**Destacados**

- Patrice Lumumba, cuyo nombre completo es Patrice Hemery Lumumba, fue un líder nacionalista africano, primer primer ministro de la República Democrática del Congo (junio-septiembre de 1960).
- Estaba a favor de un Congo unitario y en contra de la división del país por líneas étnicas o regionales.
- Proclamó que su régimen era de "neutralismo positivo", que definía como el retorno a los valores africanos y el rechazo a cualquier ideología importada, incluida la de la Unión Soviética.

## *Preguntas de investigación*

1. ¿Cree que Patrice Lumumba logró lo que se propuso? ¿Cumplió sus promesas? ¿Qué crees que pudo salir mal?
2. ¿Por qué crees que es un héroe?
3. ¿Por qué celebramos el Mes de la Historia Negra en febrero?

# James Meredith (nacido en 1933)

**Activista de los derechos civiles y autor estadounidense**

---

*"Los blancos liberales son el mayor enemigo de los afroamericanos".*

---

En 1962, James Meredith hizo historia al ser el primer afroamericano en matricularse en la Universidad de Mississippi. Su inscripción en la universidad, exclusivamente blanca, provocó la ira tanto de los funcionarios estatales como de las turbas locales contrarias a la segregación, lo que obligó al gobierno de EE.UU. a proporcionar tropas federales para su protección. Aunque participó activamente en el movimiento por los derechos civiles durante los años inmediatamente posteriores a su salida de la escuela, Meredith se volvió cada vez más conservador cuando el movimiento se radicalizó en la década de 1970.

James Howard Meredith nació el 25 de junio de 1933 en Kosciusko, Mississippi, en el seno de una familia en la que se veneraban mucho la educación y los valores tradicionales. Después del instituto, Meredith se alistó en las Fuerzas Aéreas de EE.UU., donde sirvió de 1951 a 1960. Tras su licenciamiento, Meredith se matriculó en el Jackson State College (ahora Universidad Estatal de Jackson) en Jackson, Mississippi. En aquella época, el Jackson State, al igual que todas las escuelas de Mississippi, estaba segregado y la inscripción estaba restringida a los afroamericanos.

En 1961, James Meredith solicitó el traslado a la Universidad de Mississippi, que era exclusivamente blanca. Después de que su solicitud fuera rechazada en dos ocasiones, pidió ayuda a la Asociación Nacional para el Progreso de las Personas de Color (NAACP) y a su secretario local Medgar Evers. Se presentó una denuncia por discriminación racial ante los tribunales, pero fue rechazada.

Tras un año de apelaciones por parte de los abogados de la NAACP en nombre de Meredith, la decisión judicial fue revocada por el Tribunal Supremo de Estados Unidos, que dictaminó el 10 de septiembre de 1962 que James Meredith tenía derecho a asistir a la universidad.

A pesar de la sentencia federal a favor de Meredith, los funcionarios estatales se comprometieron a impedir que Meredith entrara en la universidad. Diez días después de la sentencia del Tribunal Supremo, Meredith intentó matricularse en las clases, pero el gobernador de Mississippi, Ross Barnett, se presentó en persona para impedir su entrada. La acción de Barnett obtuvo el apoyo de turbas de transeúntes antidesegregación, así como la atención de los medios de comunicación nacionales.

Durante la semana siguiente, Meredith, acompañada de alguaciles federales, intentó en repetidas ocasiones registrarse en varios lugares del campus. En todas las ocasiones, los funcionarios estatales se lo impidieron. Este flagrante desprecio de una resolución federal por parte de los funcionarios estatales, unido a la creciente amenaza de una acción violenta de la multitud, hizo que el presidente John Kennedy y el fiscal general Robert Kennedy ordenaran el 30 de septiembre que más de 500 agentes federales escoltaran a Meredith hasta el campus.

A las pocas horas de su llegada, se formó una turba que comenzó a amotinarse, atacando a los guardias con ladrillos, cócteles molotov y armas. Kennedy ordenó rápidamente la llegada de 16.000 soldados federales más para hacer frente a la turba, que llegó a ser de casi 2.000 personas. Las tropas, con órdenes de no disparar, utilizaron gases lacrimógenos para sofocar los disturbios. Al final del día se restableció el orden, pero no sin un gran coste: dos personas murieron y otras 160 resultaron heridas, entre ellas 28 alguaciles que recibieron disparos de la multitud.

Al día siguiente, de nuevo escoltado por alguaciles federales, James Meredith se registró en la universidad. Durante el resto de su estancia allí, un pequeño número de tropas federales permaneció en el campus para protegerlo.

La estancia de Meredith en la Universidad de Mississippi fue relativamente breve. Se graduó en 1963 y comenzó a participar activamente en los esfuerzos locales por los derechos civiles. El 5 de junio de 1966, inició una caminata desde Memphis, Tennessee, hasta Jackson, en un esfuerzo por protestar contra el racismo y animar a los afroamericanos a registrarse para votar. En el segundo día de la "Marcha contra el miedo", como se llamó, Meredith fue disparado por un francotirador. Fue hospitalizado, y la marcha fue continuada por varios líderes clave de los derechos civiles, como el Dr. Martin Luther King, Jr., Floyd McKissick, del Congreso de la Igualdad Racial (CORE), y Stokely Carmichael (que más tarde cambió su nombre por el de Kwame Toure).

James Meredith se unió a la marcha el 24 de junio, y dos días más tarde concluyó con un mitin en Jackson. La marcha tuvo éxito tanto en la concienciación del problema del racismo como en el fomento del registro de votantes: se calcula que se registraron 4.000 nuevos votantes afroamericanos en Misisipi durante el transcurso de la marcha.

Meredith se matriculó en la Facultad de Derecho de la Universidad de Columbia, en Nueva York, donde se licenció en Derecho en 1968. En los años siguientes, Meredith se sintió cada vez más angustiado por lo que consideraba la creciente militancia de los movimientos de derechos civiles y del Poder Negro.

James Meredith trabajó en varias empresas y se alejó cada vez más de la política afroamericana. Como ardiente opositor a la discriminación positiva, Meredith recibió duras críticas de líderes afroamericanos y liberales cuando en 1989 decidió trabajar para el muy conservador y controvertido senador Jesse Helms, de Carolina del Norte.

James Meredith es autor de varios libros sobre sus impresiones del primer movimiento por los derechos civiles, entre ellos Three Years in Mississippi (1966) y Mississippi: Un volumen de once libros (1995).

**Destacados**

- James Meredith es un activista de los derechos civiles estadounidense que adquirió notoriedad nacional en un momento clave del movimiento por los derechos civiles en 1962, cuando se convirtió en el primer estudiante afroamericano de la Universidad de Misisipi.
- Sus repetidas solicitudes de ingreso en la Universidad de Mississippi fueron denegadas únicamente por motivos de raza, según el veredicto de su batalla judicial de 1961-1962, que se ganó en apelación con la ayuda legal de la Asociación Nacional para el Progreso de las Personas de Color (NAACP).
- La estancia de Meredith en Mississippi fue breve; se graduó en 1963.
- El documental Walk Against Fear: James Meredith apareció en 2020.

---

*Preguntas de investigación*

---

1. ¿Qué opina de sus logros?
2. Si la gente conociera mejor a Estados Unidos, ¿qué aprendería de ella que no sepa ahora?

# Ralph Abernathy (1926-1990)

**Pastor estadounidense y líder de los derechos civiles**

---

*"Los cristianos deben estar preparados para un cambio porque Jesús fue el mayor cambiador de la historia. "*

---

El pastor estadounidense y líder de los derechos civiles Ralph David Abernathy fue el principal ayudante y el más estrecho colaborador de Martin Luther King, Jr. durante el movimiento por los derechos civiles de las décadas de 1950 y 1960. Abernathy fue cofundador, junto con King, de la Conferencia de Liderazgo Cristiano del Sur (SCLC), que pretendía coordinar y ayudar a las organizaciones locales que trabajaban por la plena igualdad de los afroamericanos en todos los aspectos de Estados Unidos.

Abernathy nació el 11 de marzo de 1926 en Linden, Alabama. Hijo de un exitoso agricultor, se ordenó como ministro bautista en 1948. En 1950 Abernathy se licenció en matemáticas por la Universidad Estatal de Alabama, y en 1951 obtuvo un máster en sociología por la Universidad de Atlanta. Posteriormente se convirtió en pastor de la Primera Iglesia Bautista de Montgomery, Alabama, y conoció a King unos años más tarde, cuando éste se convirtió en pastor de otra iglesia bautista en la misma ciudad. En 1955-56 los dos hombres organizaron un boicot de los ciudadanos negros al sistema de autobuses públicos de Montgomery que forzó la desegregación racial del sistema en 1956. Este boicot no violento marcó el inicio del movimiento por los derechos civiles que iba a desegregar la sociedad estadounidense durante las dos décadas siguientes.

King y Abernathy siguieron colaborando estrechamente a medida que el movimiento por los derechos civiles cobraba impulso, y en 1957 fundaron la Southern Christian Leadership Conference (con King como presidente y Abernathy como secretario-tesorero).

En 1961, Ralph David Abernathy trasladó sus actividades religiosas a Atlanta, Georgia, y ese año fue nombrado vicepresidente general del SCLC. Siguió siendo el principal ayudante y asesor más cercano de King hasta el asesinato de éste en 1968, momento en el que Abernathy le sucedió como presidente del SCLC. Abernathy dirigió esa organización hasta su dimisión en 1977, tras lo cual reanudó su labor como pastor de una iglesia baptista de Atlanta.

La autobiografía de Ralph David Abernathy, "And the Walls Came Tumbling Down", apareció en 1989. Abernathy murió el 17 de abril de 1990 en Atlanta.

**Destacados**

- Ralph David Abernathy, fue un pastor negro estadounidense y líder de los derechos civiles que fue el principal ayudante y socio más cercano de Martin Luther King durante el movimiento de los derechos civiles de los años 50 y 60.
- King y Abernathy siguieron colaborando estrechamente a medida que el movimiento por los derechos civiles cobraba impulso, y en

1957 fundaron la Conferencia de Liderazgo Cristiano del Sur (SCLC; con King como presidente y Abernathy como secretario-tesorero) para organizar la lucha no violenta contra la segregación en todo el Sur.

- Siguió siendo el principal ayudante de King y su asesor más cercano hasta el asesinato de King en 1968, momento en el que Abernathy le sucedió como presidente del SCLC.
- Dirigió esa organización hasta su dimisión en 1977, tras lo cual reanudó su labor como pastor de una iglesia baptista de Atlanta.

---

*Preguntas de investigación*

---

1. ¿Por qué más es conocido Ralph Abernathy?
2. ¿Cuál es un logro importante que cree que tuvo Abernathy y que todos deberíamos conocer?
3. ¿Por qué cree que es importante que lo recordemos como un héroe digno de estudio?
4. Si los niños birraciales no reciben la información que necesitan sobre héroes como Ralph, ¿qué pasará cuando se les pregunte por qué las clases de historia no les cuentan estas cosas?

# Jesse Jackson (nacido en 1941)

**Ministro y activista estadounidense**

---

*"Nunca mires a nadie por encima del hombro a menos que le ayudes a levantarse. "*

---

El líder de los derechos civiles Jesse Jackson, el primer afroamericano que se presentó como candidato a la presidencia de Estados Unidos, se convirtió en una fuerza política dominante durante la década de 1980. Orador muy elocuente y dinámico, es conocido por su apasionada defensa de la autonomía, la paz y la justicia social.

Jesse Jackson fundó organizaciones como Operation PUSH (People United to Save Humanity) y la National Rainbow Coalition y es ampliamente reconocido como embajador internacional de la paz.

Jesse Louis Jackson nació en Greenville, Carolina del Sur, el 8 de octubre de 1941, y fue criado por su madre y su padrastro. Excelente estudiante y atleta, obtuvo una beca de fútbol en la Universidad de Illinois. Más tarde se trasladó al North Carolina Agricultural and Technical College, donde participó activamente en el movimiento por los derechos civiles. Tras licenciarse en sociología en 1964, Jackson cursó estudios de postgrado en el Seminario Teológico de Chicago.

Sin embargo, al año siguiente, Jesse Jackson dejó en suspenso sus estudios para unirse a la Conferencia de Liderazgo Cristiano del Sur (SCLC), bajo el mando de Martin Luther King, Jr. en su lucha por impulsar el movimiento de los derechos civiles. Poco después, King nombró a Jackson director de la Operación Panera de la SCLC en Chicago, una organización dedicada a ayudar a los afroamericanos a encontrar trabajo y otros servicios.

Mientras trabajaba en la organización, Jackson fue ordenado ministro bautista en 1968. En 1971 Jackson fundó Operation PUSH en Chicago, una organización de autoayuda que continuó la labor de Operation Breadbasket alentando a los afroamericanos y a las personas desfavorecidas a capacitarse económicamente y ayudando a abrirles más oportunidades de empleo, negocios y educación.

A lo largo de su carrera, Jesse Jackson demostró su dedicación a los jóvenes, haciendo una amplia campaña a favor de la educación y contra el abuso de las drogas y las bandas, con su famoso eslogan "Yo soy alguien". A finales de la década de 1970, fundó PUSH-Excel, un programa de motivación destinado a ayudar a los niños y adolescentes de los barrios pobres y desfavorecidos a tener éxito en la escuela.

Como poderoso negociador, Jackson también se involucró en asuntos exteriores, trabajando por la paz y la justicia a escala internacional. En 1979 viajó a Sudáfrica para denunciar el apartheid, un sistema opresivo en el que se negaban a la mayoría africana los mismos derechos y privilegios que a la minoría no africana. En 1984 consiguió la libertad del teniente Robert Goodman, piloto de la marina estadounidense cuyo avión fue derribado sobre el Líbano.

Ese mismo año, Jackson viajó a Cuba, donde consiguió la libertad de 48 prisioneros cubanos y cubanoamericanos. En 1990, Jackson se reunió con Saddam Hussein en Irak y le convenció de que liberara a los rehenes estadounidenses capturados durante la invasión de Kuwait por parte de Irak. Volvió a Cuba en 1994 para reunirse con Fidel Castro y ese mismo año fue enviado en misión de paz a Nigeria por el presidente Bill Clinton.

En 1997, Jesse Jackson fue nombrado Enviado Especial del Presidente y del Secretario de Estado para la Promoción de la Democracia en África por el Presidente Clinton y la Secretaria de Estado Madeleine Albright. Jackson también viajó a Belgrado (Yugoslavia) en 1999, donde convenció al presidente Slobodan Milošević para que liberara a tres prisioneros de guerra estadounidenses capturados durante la guerra de Kosovo.

La prominencia de Jackson como figura internacional tuvo una poderosa influencia en la comunidad afroamericana. Esta influencia fue decisiva para su campaña de registro de votantes, que ayudó a elegir al primer alcalde afroamericano de Chicago, Harold Washington, en abril de 1983.

Jesse Jackson demostró aún más su habilidad como político en 1984, cuando abrió un nuevo camino al hacer campaña por la nominación presidencial demócrata. Con una base política aún más sólida, volvió a hacer campaña por la nominación en 1988, cuando, de entre siete contendientes, quedó en un sólido segundo lugar. Poco después de las elecciones de 1984, Jackson lanzó la Coalición Nacional Arco Iris, con sede en Washington, D.C.

Jackson utilizó esta organización como vehículo para presionar por el empoderamiento político, los cambios en las políticas públicas, el aumento de los derechos de voto, más programas sociales para los pobres y los discapacitados, el alivio de los impuestos para los pobres y la igualdad de derechos para los afroamericanos, las minorías, las mujeres, los homosexuales y otras personas oprimidas.

En 1989, Jackson trasladó su residencia oficial de Chicago a Washington, D.C., donde se creía que se presentaría a la alcaldía. En lugar de ello, fue elegido en 1990 para el cargo de senador de la estadidad, un puesto de presión creado por el ayuntamiento de Washington D.C. en apoyo de un proyecto de ley que concedería la estadidad al distrito. En 1996 Jackson regresó a Chicago y la Operación PUSH y la Coalición Nacional Arco Iris se fusionaron en una sola organización -la Coalición Arco Iris/PUSH- que continuó el trabajo de ambas.

Por su dedicación al movimiento de los derechos civiles y su promoción de la paz mundial y la justicia social, Jackson recibió varios honores. En 1991, el Servicio Postal de los Estados Unidos colocó la imagen de Jackson en un sello de cancelación, convirtiéndolo en la segunda persona viva en la historia de los Estados Unidos en recibir este honor. Jackson recibió el Premio Martin Luther King, Jr. a la Paz No Violenta en 1993 y el Presidente Clinton le concedió la Medalla Presidencial de la Libertad en 2000.

Jesse Jackson también recibió más de 40 doctorados honoríficos y obtuvo un máster en divinidad del Seminario Teológico de Chicago en 2000.

**Destacados**

- Jesse Jackson, cuyo nombre original es Jesse Louis Burns, es un líder de los derechos civiles, ministro baptista y político estadounidense cuyas candidaturas a la presidencia de Estados Unidos (en las carreras por la nominación del Partido Demócrata en 1983-84 y 1987-88) fueron las más exitosas de un afroamericano hasta 2008, cuando Barack Obama consiguió la nominación presidencial demócrata.
- Mientras estudiaba, Jackson se involucró en el movimiento por los derechos civiles.
- En la década de 1980, Jackson se convirtió en un destacado portavoz nacional y defensor de los afroamericanos.

---

*Preguntas de investigación*

---

1. ¿Cuál fue su momento más memorable?
2. ¿Por qué es un héroe para algunos y no para otros?
3. ¿Cuál es el significado y la historia de su nombre?

# James Lawson (nacido en 1928)

**Ministro estadounidense y activista de los derechos civiles**

---

*"Nuestro país es un país atrapado, incrustado, adicto a la mitología de la violencia".*

---

El ministro y activista de los derechos civiles estadounidense James Lawson desempeñó un papel decisivo en la fundación del Comité Coordinador Estudiantil No Violento (SNCC). La organización desempeñó un papel fundamental en el movimiento de derechos civiles de la década de 1960. Muchos activistas de los derechos civiles y académicos atribuyen a Lawson el desarrollo de la estrategia no violenta del movimiento.

James Morris Lawson, Jr. nació el 22 de septiembre de 1928 en Uniontown, Pensilvania, pero creció en Ohio. Su padre y su abuelo eran ministros metodistas, y Lawson obtuvo la licencia de predicador en 1947.

James Lawson se licenció en el Baldwin-Wallace College de Berea (Ohio) en 1951. Allí se unió a la Fellowship of Reconciliation (FOR), la organización pacifista más antigua del país. Durante ese tiempo, Lawson estudió las enseñanzas sobre la no violencia del líder indio Mahatma Gandhi y del ministro negro Howard Thurman. En 1951, Lawson fue condenado a prisión por negarse a inscribirse para luchar en la guerra de Corea debido a sus creencias pacifistas.

Tras salir de la cárcel en 1952, Lawson viajó a la India. Allí trabajó como ministro del campus y profesor en el Hislop College de Nagpur. Pasó tiempo hablando con personas que habían trabajado con Gandhi y renovó su estudio sobre el uso de la no violencia por parte de Gandhi.

Al mismo tiempo, James Lawson se interesó profundamente por el creciente movimiento de derechos civiles no violentos en Estados Unidos. Siguió especialmente el boicot de autobuses de Montgomery. Durante el boicot, los activistas de los derechos civiles y sus partidarios organizaron una protesta masiva no violenta contra el sistema de autobuses de Montgomery, Alabama, por el trato injusto que recibían los negros. Lawson regresó a Estados Unidos en 1956. Posteriormente, continuó sus estudios en la Escuela de Teología del Oberlin College, en Ohio.

Lawson conoció a Martin Luther King, Jr. en 1957. King sugirió que Lawson se trasladara al Sur y enseñara las estrategias de la no violencia a los miembros del movimiento de derechos civiles. Posteriormente, Lawson se trasladó a Nashville, Tennessee. Allí trabajó para el FOR y se matriculó en la Universidad de Vanderbilt. Comenzó a impartir talleres sobre la no violencia a miembros de la comunidad y a estudiantes.

En febrero de 1960, Lawson y otros activistas organizaron la primera sentada en los mostradores de comida racialmente segregados de Nashville. Durante las sentadas, los afroamericanos se sentaban pacíficamente en los mostradores de comida designados como "sólo para blancos", incluso después de que el personal se negara a servirles. Los dirigentes de la ciudad de Nashville acabaron accediendo a eliminar la segregación en algunos mostradores de comida después de que se detuviera a más de 150 manifestantes. Los afroamericanos comenzaron a organizar sentadas en todo el sur. En marzo, las autoridades de Vanderbilt expulsaron a Lawson por su trabajo en el movimiento de desegregación de Nashville. Ese mismo año se licenció en teología sagrada en la Universidad de Boston.

En abril de 1960, los líderes de las sentadas y otros activistas de los derechos civiles se reunieron en Raleigh, Carolina del Norte, y fundaron el SNCC interracial. Lawson fue coautor de la declaración de propósitos, que establecía la filosofía religiosa y no violenta del grupo.

Lawson participó en el SNCC hasta 1964 y fue miembro de la Southern Christian Leadership Conference (SCLC) desde 1960 hasta 1967. La SCLC ayudó a las organizaciones que luchaban por la igualdad de los afroamericanos. Los historiadores reconocen a Lawson como el principal maestro en los principios de la no violencia tanto para los miembros del SNCC como del SCLC.

En 1973, Lawson se convirtió en miembro de la junta directiva del SCLC. Fue presidente de la sección de Los Ángeles, California, de 1979 a 1993. También fue pastor de la Iglesia Metodista Holman de Los Ángeles de 1974 a 1999. Incluso después de su jubilación como pastor, Lawson siguió participando activamente en el movimiento por la no violencia.

En 2011, el Centro Internacional de Conflictos No Violentos (ICNC) nombró un premio en honor a Lawson. Todos los años, la organización otorga el Premio James Lawson a los logros en la práctica, el estudio o la información sobre los conflictos no violentos. El ICNC también puso en marcha el Instituto James Lawson en 2013. Se trata de un evento anual de varios días de duración que acoge talleres y seminarios impartidos por ponentes, entre ellos Lawson, sobre la resistencia no violenta. En 2018, la Universidad de Vanderbilt nombró una beca en su honor. Al año siguiente, Lawson fue incluido en el Salón de la Fama de California.

**Destacados**

- El ministro y activista de los derechos civiles estadounidense James Lawson desempeñó un papel decisivo en la fundación del Comité Coordinador Estudiantil No Violento (SNCC), una organización que desempeñó un papel clave en el movimiento de los derechos civiles de la década de 1960.

- Lawson fue coautor de la declaración de propósitos, que establecía la filosofía religiosa y no violenta del grupo.
- Los historiadores reconocen a Lawson como el principal maestro de los principios de la no violencia tanto para los miembros del SNCC como del SCLC.

---

*Preguntas de investigación*

---

1. ¿Qué opina de que las personas poderosas (o los grupos históricamente superiores) puedan cometer errores y seguir siendo líderes fuertes? ʻ
2. ¿Cómo se inició y organizó la sentada?

# Kwame Nkrumah (1909-1972)

**Primer Primer Ministro y Presidente de Ghana**

---

*"No soy africano porque haya nacido en África, sino porque África ha nacido en mí".*

---

Uno de los líderes más destacados de las luchas africanas contra el colonialismo en la década de 1950 fue Kwame Nkrumah. Se convirtió en el primer presidente de la Ghana independiente y posteriormente estableció una dictadura de partido único.

Nkrumah nació en Nkroful, Costa de Oro, en septiembre de 1909. Se graduó en el Achimota College en 1930 y enseñó en escuelas católicas y en un seminario. Su interés por la religión se vio desviado por la política del nacionalismo africano hacia 1934. En 1935 viajó a Estados Unidos y estudió en la Universidad Lincoln de Pensilvania.

Después de graduarse en 1939, Nkrumah obtuvo títulos de maestría en Lincoln y en la Universidad de Pensilvania. Políticamente, Nkrumah era un marxista-socialista. Tras estudiar en la London School of Economics, Nkrumah regresó a su país en 1947 y se convirtió en portavoz de la Convención de la Costa de Oro Unida para trabajar por el autogobierno. En 1950 inició un programa de no cooperación violenta contra el dominio británico.

En 1951 Nkrumah fue elegido diputado, y en 1952 se convirtió en primer ministro. Cuando la Costa de Oro y Togolandia británica se independizaron como nación de Ghana en 1957, su partido controló la legislatura.

En 1960 Kwame Nkrumah fue nombrado presidente y en 1964 se convirtió en presidente vitalicio. Su gobierno, que duró hasta que un golpe militar lo derrocó el 24 de febrero de 1966, fue autoritario y su política económica fue un fracaso total. Nkrumah se exilió en Guinea y murió en Bucarest (Rumanía) el 27 de abril de 1972.

**Destacados**

- Kwame Nkrumah fue un líder nacionalista ghanés que dirigió la campaña de la Costa de Oro para independizarse de Gran Bretaña y presidió su surgimiento como la nueva nación de Ghana.
- Dirigió el país desde la independencia en 1957 hasta que fue derrocado por un golpe de estado en 1966.
- Su administración se involucró en magníficos pero a menudo ruinosos proyectos de desarrollo, de modo que un país antaño próspero quedó paralizado por la deuda externa.

---

*Preguntas de investigación*

---

1. ¿Qué cosas fueron populares y tuvieron éxito en Ghana durante la época en que Kwame Nkrumah era presidente?
2. ¿Cuál era su principal objetivo en Ghana?
3. ¿Por qué es considerado un héroe por muchos en África hoy en día?

# Bayard Rustin (1912-1987)

**Activista estadounidense de los derechos civiles**

---

*"Tener miedo es comportarse como si la verdad no fuera cierta..."*

---

El activista estadounidense de los derechos civiles Bayard Rustin desempeñó un papel activo en la lucha por la igualdad racial. No estaba de acuerdo con la segregación racial y creía en la agitación pacifista. Rustin fue el principal organizador de la Marcha sobre Washington de 1963, una manifestación masiva para conseguir apoyo para la legislación sobre derechos civiles que estaba pendiente en el Congreso.

Rustin nació el 17 de marzo de 1910 en West Chester, Pensilvania. Después de terminar la escuela secundaria, realizó trabajos esporádicos y viajó mucho. Durante este tiempo también recibió cinco años de estudios universitarios en el City College de Nueva York (en la ciudad de Nueva York) y en otras instituciones, pero Rustin nunca completó un título. De 1941 a 1953 trabajó para la Fellowship of Reconciliation, una organización religiosa no confesional. Simultáneamente, en 1941, Rustin organizó la rama neoyorquina de otro grupo reformista, el Congress on Racial Equality.

En la década de 1950, Rustin se convirtió en un estrecho asesor del líder de los derechos civiles Martin Luther King, Jr. y fue el principal organizador de la Southern Christian Leadership Conference de King. En agosto de 1963, Rustin ayudó a organizar la Marcha sobre Washington, que reunió a un grupo interracial de más de 200.000 personas para exigir la igualdad de justicia para todos los ciudadanos ante la ley.

En 1964, Rustin dirigió un boicot estudiantil de un día de duración a las escuelas públicas de la ciudad de Nueva York en protesta por los desequilibrios raciales de ese sistema. Posteriormente fue presidente del Instituto A. Philip Randolph, una organización de derechos civiles de Nueva York, desde 1966 hasta 1979. Rustin murió el 24 de agosto de 1987 en Nueva York. En 2013 se le concedió a título póstumo la Medalla Presidencial de la Libertad.

**Destacados**

- Bayard Rustin fue un activista de los derechos civiles estadounidense que fue asesor de Martin Luther King, Jr. y que fue el principal organizador de la Marcha sobre Washington en 1963.
- Trabajó para el Fellowship of Reconciliation, una organización religiosa no confesional, desde 1941 hasta 1953, y organizó la rama neoyorquina de otro grupo reformista, el Congress on Racial Equality, en 1941.
- En 1953, Rustin, que era homosexual, fue detenido en California tras ser descubierto manteniendo relaciones sexuales con un hombre. Cumplió 50 días de cárcel y fue registrado como delincuente sexual.

- En 2020 Rustin fue indultado por su condena de 1953.

---

*Preguntas de investigación*

---

1. ¿Cómo se siente al saber que alguien que influyó tanto en tantos aspectos de su vida puede haber sido olvidado en gran medida por los libros de historia?
2. Hay mucha tensión entre las estrategias de Bayard para la no violencia y la resistencia de Malcolm X con la confrontación física... ¿quién cree que fue más eficaz para hacer llegar su mensaje?
3. ¿Qué otros tipos de nuevas coaliciones cree que necesitamos para que personas de diferentes comunidades/industrias trabajen juntas por el cambio social hoy en día?

# Steve Biko (1946-1977)

**Líder político sudafricano**

---

*"O estás vivo y orgulloso o estás muerto, y cuando estás muerto, no te puede importar de todos modos".*

---

Como activista de los derechos civiles en las décadas de 1960 y 1970, el sudafricano Steve Biko es considerado el padre de la conciencia negra, una filosofía que él describió como "autosuficiencia psicológica negra". Redefinió el movimiento sudafricano por los derechos civiles alentando a los negros a obtener una nueva conciencia de su autoestima inherente y su dignidad humana. Steve Biko se ganó un gran número de seguidores en Sudáfrica por sus elocuentes y apasionados llamamientos a la autonomía política y cultural de los negros en Sudáfrica.

Bantu Stephen ("Steve") Biko nació el 18 de diciembre de 1946 en King William's Town, Sudáfrica. Su padre murió cuando él tenía 4 años. Biko comenzó a luchar contra el apartheid, el sistema sudafricano de segregación y discriminación racial, a una edad temprana. Tras ser expulsado del instituto Lovedale por sus actividades políticas, asistió al Saint Francis College.

Steve Biko se graduó en 1966. A continuación, Biko se matriculó en la Facultad de Medicina de la Universidad de Natal. Sin embargo, se involucró cada vez más en la política y nunca terminó su carrera de medicina.

Durante sus años universitarios, Biko fue un miembro activo de la Unión Nacional de Estudiantes Sudafricanos (NUSAS), pero rompió con la organización liberal dirigida por los blancos en 1968. En su opinión, el objetivo de los líderes blancos de conseguir la admisión de los negros en las instituciones blancas siempre colocaría a los negros en una posición de inferioridad.

Steve Biko creía que la sociedad sudafricana debía reestructurarse por completo en torno a las culturas e intereses de la mayoría, y no simplemente reformarse para permitir la participación de los negros.

Tras su salida del NUSAS, Biko formó la Organización de Estudiantes Sudafricanos (SASO). El grupo organizó a los estudiantes en torno a la filosofía de la conciencia negra. Identificó dos niveles de opresión del apartheid: las fuerzas externas que sometían a los negros a la injusticia económica y social, y la interiorización del sometimiento, que hacía que los negros se sintieran y actuaran de forma inferior a los blancos. Biko fue elegido primer presidente de la SASO en 1969. En 1972 ayudó a fundar otro grupo activista, la Convención del Pueblo Negro (BPC).

En marzo de 1973 se prohibió a Biko y a otros siete líderes de la SASO viajar, hablar en público, escribir para publicaciones o reunirse con más de un miembro no familiar a la vez. Sin embargo, Biko continuó escribiendo artículos y dando discursos, y fundó la rama del Cabo Oriental del BPC mientras estaba bajo la prohibición.

Biko fue acusado muchas veces en virtud de la legislación de seguridad, pero nunca fue condenado. En 1976 fue encarcelado durante 101 días y fue liberado sin ser acusado. El 18 de agosto de 1977, Biko fue detenido de nuevo. Menos de cuatro semanas después, el 11 de septiembre, Biko fue encontrado desnudo, con grilletes y sin identificación, a las puertas de un hospital de Pretoria, a unas 700 millas (1.100 kilómetros) de Puerto Elizabeth. Murió bajo custodia al día siguiente de una hemorragia cerebral masiva.

Durante la investigación inicial sobre la muerte de Biko, la policía negó haber maltratado a Biko. Insistieron en que Biko, durante su detención, había montado en cólera y se había autoinfligido las heridas arrojando su cuerpo contra una pared. Aunque la policía intentó ocultar el cadáver de Biko, su esposa, Nontsikelelo Mashalaba, lo encontró. Las fotografías del cuerpo revelaron que, con toda probabilidad, había sido gravemente golpeado mientras estaba detenido. En su momento, los agentes que tuvieron acceso a Biko fueron absueltos de toda culpa.

En enero de 1997 se arrojó nueva luz sobre la muerte de Steve Biko cuando cinco ex policías confesaron haberle asesinado. Las confesiones se hicieron ante la Comisión de la Verdad y la Reconciliación de Sudáfrica, que ofreció al grupo una amnistía política a cambio de que aportaran pruebas de otros crímenes cometidos durante el periodo de segregación racial. Los representantes de la comisión, encargada de investigar los crímenes de la época del apartheid, se negaron a revelar ni la identidad ni el número exacto de los policías examinados.

En 1999 la comisión dictaminó que no se concedería la amnistía. La vida y la muerte de Steve Biko fueron elocuentemente descritas en el libro de 1977 Biko, unas memorias escritas por el periodista sudafricano Donald Woods, amigo de Biko. El libro fue adaptado posteriormente en la película Cry Freedom (1987).

**Destacados**

- Steve Biko, en bantú Stephen Biko fue el fundador del Movimiento de Conciencia Negra en Sudáfrica.
- La policía negó inicialmente haber maltratado a Biko; más tarde se determinó que probablemente le habían golpeado duramente mientras estaba detenido, pero los agentes implicados fueron absueltos de toda culpa.
- Su muerte por las heridas sufridas mientras estaba detenido por la policía lo convirtió en un mártir internacional del nacionalismo negro sudafricano.

*Preguntas de investigación*

1. ¿Qué datos interesantes sobre Steve Biko desconoce la mayoría de la gente?
2. ¿Cumplió Biko sus objetivos y sueños? Si es así, ¿cómo lo hizo?
3. Si Steve Biko estuviera vivo hoy, ¿qué le preguntarías?

# Nelson Mandela (1918-2013)

**Presidente de Sudáfrica**

---

*"No me juzgues por mi éxito, júzgame por las veces que me he caído y me he vuelto a levantar".*

---

En enero de 1990, Nelson Mandela cumplía su 27º año como preso político en Sudáfrica. Fue liberado al mes siguiente, y en abril de 1994 fue elegido presidente del país. Mandela fue uno de los líderes de la lucha contra el apartheid, el sistema oficial sudafricano de segregación y discriminación contra la mayoría no blanca del país.

Nelson Mandela se convirtió en un símbolo mundial de la victoria contra ese sistema cuando fue liberado de su condena a cadena perpetua en prisión. Mandela fue presidente de Sudáfrica de 1994 a 1999.

Nelson Mandela nació en el seno de la familia real de los Tembu, un pueblo de habla xhosa, el 18 de julio de 1918, cerca de Umtata, en la región sudafricana de Transkei. Originalmente se llamaba Rolihlahla Mandela; uno de sus maestros de escuela le puso el nombre inglés de Nelson. En parte para evitar un matrimonio concertado, Mandela renunció a su derecho a ser jefe de los tembu y abandonó su pueblo.

Mandela estudió en el University College de Fort Hare, pero fue suspendido en 1940 junto con Oliver Tambo por participar en una protesta estudiantil. Se licenció en la Universidad de Sudáfrica en 1941 y empezó a estudiar derecho. En 1952, él y Tambo abrieron el primer bufete de abogados de propiedad negra de Sudáfrica.

En 1944, Mandela se unió a una organización de liberación negra llamada Congreso Nacional Africano (CNA) y ayudó a fundar su influyente Liga Juvenil. Mandela ascendió rápidamente a una posición de liderazgo en el CNA, llegando a ser miembro de su Comité Ejecutivo Nacional en 1949.

La primera condena de Nelson Mandela, que fue suspendida, fue por ayudar a dirigir la Campaña de Desafío del CNA de 1952, en la que miles de voluntarios violaron pacíficamente las leyes del apartheid. Junto con otros muchos líderes del CNA, Mandela fue detenido y juzgado por traición en 1956. Tras un largo juicio, fue absuelto en 1961. Mandela se divorció de su primera esposa y se casó con Nomzamo Winnie Madikizela (Winnie Mandela) en 1958 (se divorciaron en 1996).

Al principio, las protestas del CNA contra el apartheid eran totalmente no violentas. Sin embargo, en 1960, después de que la policía disparara a más de 200 manifestantes negros desarmados en Sharpeville y de que el gobierno prohibiera el CNA, Mandela empezó a propiciar actos de sabotaje. Ayudó a fundar un ala militar del CNA, llamada Umkhonto we Sizwe (Lanza de la Nación), y se convirtió en un fugitivo.

En 1962 Nelson Mandela fue capturado y condenado a cinco años de prisión. Un año después, mientras cumplía esa condena, fue juzgado por sabotaje, traición y conspiración violenta, y en 1964 fue condenado a cadena perpetua. Mandela permaneció en la prisión de Robben Island, frente a Ciudad del Cabo, hasta 1982, cuando fue trasladado a la prisión de máxima seguridad de Pollsmoor. Winnie Mandela encabezó una campaña para liberarlo, que obtuvo un gran apoyo tanto de la población negra de Sudáfrica como de la comunidad internacional que condenaba el apartheid. Mandela fue liberado el 11 de febrero de 1990 por el gobierno del Presidente F.W. de Klerk.

Una vez liberado, Mandela continuó con vigor la labor de acabar con el apartheid. Se convirtió en vicepresidente del CNA en marzo de 1990 y en su presidente en julio de 1991. En ese cargo, negoció con De Klerk acuerdos históricos para lograr la transformación pacífica de Sudáfrica en una democracia mayoritaria. Mandela y de Klerk compartieron el Premio Nobel de la Paz de 1993 por sus logros.

Junto con otros millones de sudafricanos negros, Mandela votó por primera vez en las elecciones que le llevaron al poder en abril de 1994. Durante su presidencia, Mandela se centró en mejorar el nivel de vida de la población negra del país, al tiempo que abogaba por la reconciliación pacífica con la población blanca. En 1995 creó la Comisión de la Verdad y la Reconciliación (CVR) para investigar las violaciones de los derechos humanos cometidas durante la época del apartheid.

Mandela promulgó una nueva constitución democrática en 1996. Al año siguiente, renunció a su cargo en el CNA. Mandela se retiró de la política activa en 1999, tras finalizar su mandato como presidente del país. Mandela se casó en 1998 con Graça Machel, viuda del ex presidente de Mozambique Samora Machel.

Los escritos y discursos de Nelson Mandela se recogieron en No Easy Walk to Freedom (1965), I Am Prepared to Die, 4ª ed. rev. (1979), y The Struggle Is My Life, 3ª ed. (1990). (1990). Su autobiografía, Long Walk to Freedom, se publicó en 1994. Mandela murió el 5 de diciembre de 2013 en Johannesburgo, Sudáfrica.

**Destacados**

- Nelson Mandela, cuyo nombre completo es Nelson Rolihlahla Mandela, apodado Madiba, fue un nacionalista negro y el primer presidente negro de Sudáfrica (1994-1999).
- En abril de 1994, el CNA liderado por Mandela ganó las primeras elecciones de Sudáfrica por sufragio universal, y el 10 de mayo

Mandela juró como presidente del primer gobierno multiétnico del país.

- El 11 de febrero de 1990, el gobierno sudafricano del presidente De Klerk liberó a Mandela de la cárcel.
- Mandela y de Klerk recibieron conjuntamente el Premio Nobel de la Paz en 1993 por sus esfuerzos.

---

*Preguntas de investigación*

---

1. ¿Cuál de las cualidades de Mandela le pareció más inspiradora?
2. ¿Cómo le hizo sentir la sentencia de Mandela en la cárcel?
3. ¿Cómo pasó todo el tiempo en prisión?
4. ¿Cuál es su cita o lección moral favorita de Nelson Mandela que le haya resonado más profundamente y cómo ha cambiado su forma de vivir la vida actual?

# Ahmed Sekou Touré (1922-1984)

**Primer presidente de Guinea**

---

*"Preferimos la pobreza en la libertad que la riqueza en la esclavitud".*

---

Cuando Guinea se convirtió en el primer estado africano francófono independiente el 2 de octubre de 1958, su primer presidente fue Ahmed Sékou Touré. Permaneció en el cargo hasta su muerte, el 26 de marzo de 1984, durante una operación de corazón en un hospital de Cleveland, Ohio. Una semana después, la dictadura que había establecido fue derrocada por un golpe militar dirigido por el coronel Lansana Conté.

Touré nació en Faranah, Guinea, el 9 de enero de 1922. Ya rebelde, fue expulsado de la escuela en Conakry en 1936 por liderar una revuelta alimentaria. En 1941 ya trabajaba en el servicio postal, donde se interesó por el movimiento obrero. Organizó la primera huelga laboral con éxito en el África Occidental francesa.

Comenzó a participar en la política en 1946. En 1951, Touré fue elegido diputado a la Asamblea Nacional, pero no se le permitió tomar posesión de su cargo y tampoco pudo hacerlo tras la reelección en 1954. Se le permitió tomar posesión en 1956, y en 1957 era vicepresidente del Consejo Ejecutivo de Guinea. En ese puesto dirigió la exitosa campaña por la independencia de Francia.

Cuando los franceses se fueron, Guinea se vio amenazada por el colapso económico. Touré aceptó la ayuda de los países del bloque soviético y de Occidente. Moderado en política exterior, estableció políticas duras en el interior y restringió severamente las fuerzas de la oposición dentro del país. Fue reelegido repetidamente sin oposición.

A pesar de su dura política interna, Ahmed Sékou Touré era considerado en la política internacional como un líder islámico moderado. En 1982, Touré encabezó la delegación enviada por la Organización de la Conferencia Islámica para mediar en la guerra entre Irán e Irak; también fue miembro de la Organización para la Unidad Africana (OUA). Touré murió el 26 de marzo de 1984 en Cleveland, Ohio.

**Destacados**

- Sékou Touré, cuyo nombre completo es Ahmed Sékou Touré, fue el primer presidente de la República de Guinea (1958-1984) y un destacado político africano.
- A pesar de su dura política interna, Touré era considerado en la política internacional como un líder islámico moderado.
- En 1982 dirigió la delegación enviada por la Organización de la Conferencia Islámica para mediar en la guerra entre Irán e Irak; también fue miembro de la Organización para la Unidad Africana (OUA).

---

*Preguntas de investigación*

---

1. ¿Cómo le inspira Ahmed Sekou Touré?
2. ¿Qué hizo para ayudar a crear una Guinea independiente?
3. ¿Qué opina del país de Guinea?

# Kofi Annan (1938-2018)

**Secretario General de las Naciones Unidas**

---

*"La educación es un derecho humano con un inmenso poder de transformación. Sobre sus cimientos descansan las piedras angulares de la libertad, la democracia y el desarrollo humano sostenible."*

---

El primer africano negro que ocupó el puesto de secretario general de las Naciones Unidas (ONU) fue Kofi Annan. Este diplomático de carrera hablaba varias lenguas africanas, inglés y francés y era muy respetado en la comunidad internacional. Ganó el Premio Nobel de la Paz en 2001.

Kofi Atta Annan nació en Kumasi, Costa de Oro (actual Ghana), el 8 de abril de 1938, hijo de Henry y Victoria Annan. Su familia procedía de la costa del cabo en el océano Atlántico, pero Annan pasó la mayor parte de su infancia en la ciudad interior de Bekwai. Su padre fue elegido gobernador de la provincia de Ashanti y fue jefe del pueblo Fante.

El joven Annan estudió en la Universidad de Ciencia y Tecnología de Kumasi y obtuvo una beca de la Fundación Ford que le permitió estudiar en Estados Unidos, en el Macalester College de Minnesota. Mientras estudiaba economía allí, en 1960, Kofi Annan ganó el concurso de oratoria del estado de Minnesota. Obtuvo un certificado de postgrado en economía en el Instituto de Estudios Internacionales Avanzados de Ginebra (Suiza).

De 1962 a 1971, Annan trabajó para la ONU como funcionario de administración y presupuesto en la Organización Mundial de la Salud en Ginebra. En 1972 obtuvo un máster en gestión en el Instituto Tecnológico de Massachusetts, donde fue becario de Alfred P. Sloan. De 1974 a 1976, Annan fue director general de la Compañía de Desarrollo Turístico de Ghana. Esos fueron sus únicos años fuera de la ONU.

La carrera de Annan hasta llegar a la dirección de la ONU pasó de puestos cotidianos como secretario general adjunto de planificación de programas, presupuesto y finanzas, a jefe de recursos humanos y coordinador de seguridad, director del presupuesto, jefe de personal del alto comisionado para los refugiados y oficial administrativo de la Comisión Económica para África.

Cuando Irak invadió Kuwait en 1990, Annan fue el responsable de sacar a cientos de miles de trabajadores asiáticos de Kuwait. Estuvo a cargo de las operaciones de mantenimiento de la paz de la ONU como subsecretario a partir de marzo de 1993. Annan también fue representante especial de la ONU en la antigua Yugoslavia. Kofi Annan fue ampliamente elogiado por su diplomacia en la aplicación del acuerdo entre serbios, musulmanes y croatas de Bosnia. Annan también dirigió operaciones de mantenimiento de la paz en Burundi, Somalia y Zaire (actual República Democrática del Congo).

Tras casi cuatro décadas de servicio a las Naciones Unidas, Annan fue nombrado para dirigir la organización, siendo la primera vez que un secretario general era elegido de entre las filas del personal de la ONU. Sucedió a Boutros Boutros-Ghali en diciembre de 1996 como séptimo secretario general permanente de la ONU, tras un polémico periodo de nombramiento en el que Estados Unidos fue el único país miembro que se posicionó en contra de la reelección de Boutros-Ghali.

Kofi Annan se ganó rápidamente el apoyo del Consejo de Seguridad después de que otros tres candidatos africanos que se barajaban retiraran sus nombres de la lista de candidatos con la esperanza de lograr un consenso para un secretario general procedente de África. Annan fue elegido por aclamación e inmediatamente se puso a trabajar en un plan de reforma que se instituiría en 1997.

La visión de Annan para la ONU incluía el mantenimiento de la paz y el establecimiento de normas de derecho internacional, haciendo hincapié en los valores de igualdad, tolerancia y dignidad humana que exige la Carta de la ONU. Aportó un profundo compromiso para lograr una ONU más eficiente y ágil y una defensa inquebrantable de los derechos humanos universales. Uno de sus primeros retos como Secretario General fue convencer a Estados Unidos de que empezara a pagar los 1.400 millones de dólares de cuotas atrasadas que el país debía. Annan consideraba que la lucha contra el VIH/SIDA era una prioridad personal, y pidió la creación de un fondo mundial que ayudara a aumentar el flujo de dinero para la atención sanitaria en los países en desarrollo.

Annan utilizó su influencia en varias situaciones políticas. Entre ellas, sus esfuerzos por convencer a Irak de que cumpliera las decisiones del Consejo de Seguridad y su papel en la transición a un gobierno civil en Nigeria. En 1999, Annan facilitó una respuesta internacional a la violencia generalizada en Timor Oriental. No contento con centrarse únicamente en los derechos de los ciudadanos de todo el mundo, Annan también intentó mejorar la posición de las mujeres que trabajaban en la Secretaría de la ONU, y empezó a establecer relaciones más sólidas con las organizaciones no gubernamentales.

En junio de 2001, Kofi Annan fue reelegido por unanimidad para un segundo mandato como Secretario General. Ese mismo año, el Comité Nobel concedió el Premio Nobel de la Paz conjuntamente a Annan y a la ONU en el centenario del venerable galardón.

En 2005, Annan estuvo en el centro de la polémica tras una investigación sobre el programa "Petróleo por Alimentos". Este programa había permitido a Irak -bajo la supervisión de la ONU- vender una cantidad determinada de petróleo para comprar alimentos, medicinas y otras necesidades. Un informe describió una importante corrupción dentro del programa y reveló que el hijo de Annan formaba parte de una empresa suiza que había obtenido un contrato de petróleo por alimentos. Aunque

Annan fue absuelto de toda culpa, fue criticado por no haber supervisado adecuadamente el programa. El segundo mandato de Kofi Annan al frente de la ONU terminó en 2006.

En 2007 Kofi Annan fue nombrado presidente de la Alianza para una Revolución Verde en África, una organización que ayuda a los pequeños agricultores. Ese mismo año fundó la Fundación Kofi Annan, una organización sin ánimo de lucro que promueve la paz, el desarrollo sostenible, los derechos humanos y el Estado de Derecho.

Kofi Annan siguió desempeñando un papel en la diplomacia internacional. Ayudó a resolver la crisis electoral de Kenia, que comenzó a finales de 2007, y acabó negociando un acuerdo de reparto del poder entre el gobierno y la oposición en febrero de 2008. En 2012, Annan actuó como Enviado Especial Conjunto para Siria, país asolado por la guerra civil, pero no pudo resolver el conflicto.

Kofi Annan es coautor de varias obras. Su libro de memorias Intervenciones: Una vida en la guerra y la paz (coescrito con Nader Mousavizadeh) se publicó en 2012. Annan murió el 18 de agosto de 2018 en Berna (Suiza).

**Destacados**

- Kofi Annan, cuyo nombre completo es Kofi Atta Annan, fue un funcionario internacional ghanés que ocupó el cargo de Secretario General de la Organización de las Naciones Unidas (ONU) de 1997 a 2006.
- Desempeñó un papel crucial en la resolución de la crisis electoral keniana que comenzó a finales de diciembre de 2007, y acabó negociando un acuerdo de reparto del poder entre el gobierno y la oposición el 28 de febrero de 2008.
- En 2007 fundó la Fundación Kofi Annan, una organización sin ánimo de lucro que promueve la paz, el desarrollo sostenible, los derechos humanos y el Estado de Derecho.
- En febrero de 2012, Annan fue nombrado Enviado Especial Conjunto para Siria por las Naciones Unidas y la Liga de Estados Árabes.

*Preguntas de investigación*

1. ¿Qué has aprendido de Kofi?
2. ¿Crees que alguna vez dudó de sí mismo mientras hacía este trabajo?
3. ¿Cómo influyó la labor de su padre en la política ghanesa en su visión de la vida y en las decisiones profesionales que tomó más adelante, como ser Secretario General de la ONU o estar en contra de las sanciones a Irak?

# Albert John Luthuli (1898-1967)

**Profesor, activista, Premio Nobel de la Paz y político sudafricano**

---

*"Tienes que aprender las reglas del juego. Y luego tienes que jugar mejor que nadie".*

---

Por sus esfuerzos en una campaña no violenta contra la discriminación racial en Sudáfrica, Albert Luthuli se convirtió en 1960 en el primer africano en recibir el premio Nobel de la Paz. Irónicamente, la política de no violencia fue abandonada por algunos sudafricanos al mes de aceptar el premio en 1961.

Albert John Mvumbi Luthuli, miembro de la tribu zulú de Natal, nació en 1898 en Rodesia (actual Zimbabue), donde su padre ejercía de intérprete misionero. Cuando Albert tenía 10 años se trasladó a Sudáfrica tras la muerte de su padre y aprendió las tradiciones zulúes.

Albert Luthuli se formó en una escuela de magisterio cercana a Durban. Tras su graduación, se convirtió en uno de los tres primeros instructores africanos de la escuela. En 1936, Luthuli dejó la enseñanza al ser elegido jefe de la comunidad zulú de Groutville. Aunque gobernaba una tierra asolada por la pobreza y el hambre, aún no era consciente de la necesidad de actuar políticamente para resolver los problemas de su pueblo.

No fue hasta 1945 cuando Luthuli se unió a una organización política activa, el Congreso Nacional Africano. Un año después, Luthuli fue elegido miembro del Consejo de Representantes de los Nativos. La violencia del ejército y la policía contra los mineros africanos en huelga provocó su primera protesta política. En 1948 llegó al poder el partido nacionalista afrikáner, decidido a imponer una política de apartheid, o separación racial.

En esta época, Luthuli fue elegido presidente del Congreso Nacional Africano de Natal. Su oposición a la segregación hizo que se le exigiera que renunciara a su cargo o que dejara su puesto de jefe zulú. Se negó y fue depuesto como jefe en 1952, el mismo año en que se convirtió en presidente general del Congreso Nacional Africano.

Debido a su activismo, Albert Luthuli y muchos otros fueron detenidos y juzgados por traición en 1956. Luthuli no fue condenado, pero el gobierno prohibió sus actividades y lo confinó en su barrio. Tras recibir el premio Nobel, se retiró de la vida política y vivió en un aislamiento forzoso. Albert Luthuli murió al ser arrollado por un tren el 21 de julio de 1967.

**Destacados**

- Albert John Luthuli fue el primer africano en recibir el Premio Nobel de la Paz (1960), en reconocimiento a su lucha no violenta contra la discriminación racial.
- En diciembre de 1956, Luthuli y otras 155 personas fueron dramáticamente acorraladas y acusadas de alta traición.

- Su largo juicio no pudo demostrar que hubiera traición, conspiración comunista o violencia, y en 1957 fue puesto en libertad.

---

*Preguntas de investigación*

---

1. ¿Cuál diría que es el mayor logro del Sr. Luthuli?
2. ¿Cuál es su cita favorita de la conferencia de Albert Luthuli?
3. ¿Por qué cree que creía tan firmemente en la justicia para todas las personas, blancas o negras?

# Martin Luther King Jr. (1929-1968)

**Líder religioso y activista de los derechos civiles estadounidense**

---

*"Algún día aprenderemos que el corazón nunca puede tener toda la razón cuando la cabeza está totalmente equivocada".*

---

Martin Luther King, Jr. fue un ministro bautista y activista social estadounidense. Inspirado por la creencia de que el amor y la protesta pacífica podían eliminar la injusticia social, lideró el movimiento de derechos civiles estadounidense de los años 50 y 60. King organizó protestas masivas contra la discriminación racial y se pronunció contra la pobreza y la guerra. Campeón de la resistencia no violenta a la opresión, Martin Luther King, Jr. recibió el Premio Nobel de la Paz en 1964.

El liderazgo de King fue un factor clave en el éxito del movimiento por los derechos civiles. Antes del movimiento, era legal y común que los afroamericanos del Sur y de otras partes de Estados Unidos tuvieran prohibido utilizar las mismas instalaciones públicas que los blancos. Por ejemplo, los negros de esas zonas no podían ir a las mismas escuelas, restaurantes o baños públicos que los blancos. En los autobuses y trenes, sólo podían viajar en determinadas secciones.

Martin Luther King, Jr. encabezó muchas protestas contra esa separación racial forzada, o segregación. Uno de los principales logros del movimiento por los derechos civiles fue la ilegalización de la segregación. Otro fue la aprobación de nuevas leyes que prohibían la discriminación.

Martin Luther King, Jr. nació en Atlanta, Georgia, el 15 de enero de 1929. Su padre, Martin, Sr., era el pastor de la Iglesia Bautista Ebenezer, una congregación negra. Su madre, Alberta Williams King, era maestra de escuela. Martin tenía una hermana mayor, Christine, y un hermano menor, Alfred Daniel.

King conoció el racismo a una edad temprana. Cuando tenía seis años, sus padres interrumpieron su amistad con dos compañeros de juego blancos. King nunca olvidó este incidente.

Estudiante brillante, King fue admitido en el Morehouse College a la edad de 15 años, sin haber terminado la escuela secundaria. Sin embargo, antes de empezar la universidad, King pasó el verano en una granja de tabaco en Connecticut. Le sorprendió la tranquilidad con la que se mezclaban las razas en el Norte.

Martin Luther King, Jr. escribió a sus padres sobre cómo los negros y los blancos asistían a las mismas iglesias y restaurantes, señalando "Nunca [pensé] que una persona de mi raza pudiera comer en cualquier lugar". Esta experiencia profundizó el creciente odio de King hacia la segregación racial.

King decidió ser ministro y a los 18 años se ordenó en la iglesia de su padre. Tras graduarse en Morehouse en 1948, ingresó en el Seminario

Teológico Crozer de Chester, Pensilvania. Reconocido por sus habilidades para hablar en público, King fue elegido presidente del cuerpo estudiantil de Crozer, compuesto casi en su totalidad por estudiantes blancos.

King fue el mejor de su promoción en 1951 y obtuvo una beca de postgrado. En la Universidad de Boston se doctoró en teología en 1955. En Boston, King conoció a Coretta Scott. Se casaron en 1953 y tuvieron cuatro hijos: Yolanda Denise, Martin Luther III, Dexter Scott y Bernice Albertine.

King había quedado impresionado por las enseñanzas de Henry David Thoreau y Mahatma Gandhi sobre la resistencia no violenta. King escribió: "Llegué a sentir que éste era el único método moral y práctico que tenían los pueblos oprimidos en su lucha por la libertad." Martin Luther King, Jr. se convirtió en pastor de la Iglesia Bautista de la Avenida Dexter en Montgomery, Alabama, en 1954.

En diciembre de 1955, King fue elegido para dirigir la Montgomery Improvement Association, formada por la comunidad negra para liderar un boicot a los autobuses urbanos segregados. El boicot se produjo después de que una mujer negra llamada Rosa Parks se negara a ceder su asiento en el autobús a un hombre blanco. Esa acción iba en contra de la ley local, y Parks fue detenida.

En respuesta, Martin Luther King, Jr. lideró el boicot a los autobuses de Montgomery. Durante el boicot, la gente protestó contra la segregación negándose a viajar en los autobuses urbanos. La campaña duró más de un año. Durante ese tiempo, la casa de King fue bombardeada. No obstante, convenció a sus seguidores de que siguieran siendo no violentos a pesar de las amenazas a sus vidas y propiedades. A finales de 1956, el Tribunal Supremo de Estados Unidos dictaminó que la segregación en los autobuses era inconstitucional. Como resultado, los autobuses fueron desegregados.

El éxito en Montgomery inspiró a otras comunidades afroamericanas del Sur a protestar contra la discriminación racial. King creía que el boicot demostraba que "hay un nuevo negro en el Sur, con un nuevo sentido de dignidad y destino". Por su papel en la dirección del boicot, la Asociación

Nacional para el Progreso de las Personas de Color (NAACP) le concedió la Medalla Spingarn en 1957.

En 1957, King y otros activistas, en particular Bayard Rustin, crearon un grupo que posteriormente se conoció como la Conferencia de Liderazgo Cristiano del Sur (SCLC). Se formó para ayudar a las organizaciones locales a llevar a cabo actividades de derechos civiles en el Sur. Como líder de la SCLC, King inspiró a los negros de todo el Sur a realizar sentadas pacíficas y otras protestas contra la segregación.

Una visita a la India en 1959 le dio a King una oportunidad largamente esperada de estudiar las técnicas de protesta no violenta de Gandhi. En 1960, King se convirtió en copastor de la iglesia de su padre en Atlanta. Al año siguiente dirigió un "ejército no violento" para protestar contra la discriminación en Albany, Georgia.

Martin Luther King, Jr. fue encarcelado en 1963 durante una exitosa campaña para lograr la desegregación de muchas instalaciones públicas en Birmingham, Alabama. En un emotivo llamamiento, conocido como la "Carta desde la cárcel de Birmingham", respondió a varios clérigos blancos que consideraban que sus esfuerzos eran inoportunos. King argumentó que los países asiáticos y africanos estaban logrando rápidamente la independencia política mientras "nosotros seguimos arrastrándonos a paso de tortuga para conseguir una taza de café en un mostrador de comida". En la carta, King expuso su filosofía de la no violencia:

Se puede preguntar: "¿Por qué la acción directa? ¿Por qué sentadas, marchas y demás? ¿No es mejor la negociación?" Tiene toda la razón al reclamar la negociación. De hecho, este es el objetivo mismo de la acción directa. La acción directa no violenta pretende crear una crisis y fomentar una tensión tal que una comunidad que se ha negado constantemente a negociar se vea obligada a enfrentarse al problema.

Casi al final de la campaña de Birmingham, King se unió a otros líderes de los derechos civiles para organizar la histórica Marcha sobre Washington. Más de 200.000 personas participaron en la manifestación, que tuvo lugar el 28 de agosto de 1963. Se reunieron pacíficamente cerca del Monumento a Lincoln, en Washington, D.C., para exigir justicia igualitaria para todos los ciudadanos bajo la ley. Destacados líderes de los derechos civiles pronunciaron discursos, y el más memorable fue el de King. La multitud se sintió animada por su ahora famoso discurso "Tengo un sueño".

En este discurso, expresó su fe en que todos los hombres, algún día, serían hermanos. Vinculó las esperanzas de los afroamericanos de conseguir la igualdad de derechos con los valores políticos tradicionales de Estados Unidos. King dijo que la Declaración de Independencia y la Constitución constituían "un pagaré" que garantizaba a todos los estadounidenses "los derechos inalienables de la vida, la libertad y la búsqueda de la felicidad".

Uno de los objetivos de la Marcha sobre Washington era mostrar e inspirar el apoyo a la importante legislación sobre derechos civiles que se estaba considerando en el Congreso. Tal y como King esperaba, la marcha tuvo un fuerte efecto en la opinión nacional y dio lugar a la aprobación de la Ley de Derechos Civiles de 1964. Esta ley prohibía muchos tipos de discriminación, incluso en las instalaciones de propiedad pública y en el empleo.

Más tarde, en 1964, Martin Luther King, Jr. se convirtió en el receptor más joven del Premio Nobel de la Paz hasta esa fecha. Lo consideraba no sólo un honor personal, sino también un homenaje internacional al movimiento no violento de los derechos civiles.

En 1965, King dirigió una campaña para registrar a los votantes negros en Selma, Alabama. La campaña se encontró con una violenta resistencia. En protesta por este trato, miles de manifestantes realizaron una marcha de cinco días desde Selma hasta el capitolio en Montgomery.

King estaba decepcionado porque el progreso de los derechos civiles en el Sur no había ido acompañado de mejoras en la vida de los negros del Norte. En respuesta a los disturbios que se produjeron en 1965 en los barrios urbanos negros afectados por la pobreza, estaba decidido a centrar la atención del país en las condiciones de vida de los negros de las ciudades del Norte.

En 1966, Martin Luther King, Jr. estableció un cuartel general en un apartamento de un barrio marginal de Chicago, Illinois. Desde esta base organizó protestas contra la discriminación de la ciudad en materia de vivienda y empleo.

King combinó sus campañas por los derechos civiles con una postura firme contra la guerra de Vietnam. Creía que el dinero y el esfuerzo gastados en la guerra podían utilizarse para combatir la pobreza y la discriminación. Consideraba que sería un hipócrita si protestaba contra la violencia racial sin condenar también la violencia de la guerra. Los líderes negros militantes empezaron a atacar sus llamamientos a la no violencia. Le acusaron de estar demasiado influenciado por los blancos. Los funcionarios del gobierno criticaron su postura sobre Vietnam. Algunos líderes negros consideraron que las declaraciones de King contra la guerra desviaban la atención pública de los derechos civiles.

King inspiró y planificó la Campaña de los Pobres, una marcha en Washington, D.C., en 1968, para escenificar la relación de la pobreza con la violencia urbana. Pero no vivió para participar en ella. A principios de 1968 viajó a Memphis, Tennessee, para apoyar una huelga de trabajadores sanitarios mal pagados. Allí, el 4 de abril, Martin Luther King, Jr. fue asesinado por un francotirador, James Earl Ray. La muerte de King conmocionó al país y precipitó los disturbios de los negros en muchas ciudades.

Martin Luther King, Jr. fue enterrado en Atlanta bajo un monumento con la inscripción de las últimas palabras de su discurso "Tengo un sueño". Tomada de una antigua canción de esclavos, la inscripción decía: "Libre por fin, / libre por fin, / gracias a Dios todopoderoso, / soy libre por fin".

La breve carrera de King impulsó enormemente la causa de los derechos civiles en Estados Unidos. Sus esfuerzos impulsaron la aprobación de la Ley de Derechos Civiles de 1964 y la Ley de Derecho al Voto de 1965. Su enérgica personalidad y su persuasiva oratoria ayudaron a unir a muchos negros en la búsqueda de soluciones pacíficas a la opresión racial. Aunque las opiniones de King fueron cuestionadas por los negros que habían perdido la fe en la no violencia, su creencia en el poder de la protesta no violenta se mantuvo firme. Sus escritos incluyen Stride Toward Freedom: the Montgomery Story (1958); Strength to Love (1963); Why We Can't Wait (1964); y Where Do We Go from Here: ¿Caos o comunidad? (1967).

En 1977 King recibió a título póstumo la Medalla Presidencial de la Libertad por su lucha contra los prejuicios. En 1983, el Congreso de Estados Unidos estableció un día festivo nacional, el Día de Martin Luther King, Jr. en su honor, que se celebra anualmente el tercer lunes de enero. La fiesta se celebró por primera vez en 1986. En 2011 se inauguró en Washington un monumento nacional en honor a King.

**Destacados**

- Martin Luther King, Jr., cuyo nombre original es Michael King, Jr., fue un ministro baptista y activista social que lideró el movimiento por los derechos civiles en Estados Unidos desde mediados de la década de 1950 hasta su muerte por asesinato en 1968.
- Su liderazgo fue fundamental para que ese movimiento lograra acabar con la segregación legal de los afroamericanos en el Sur y en otras partes de Estados Unidos.
- Reconociendo que activistas de base como Rosa Parks, Fred Shuttlesworth y otros prepararon el camino para el ascenso de King a la prominencia nacional, los biógrafos e historiadores han cuestionado la opinión de que los movimientos de protesta de los negros del Sur dependían de la guía carismática de King.

---

*Preguntas de investigación*

---

1. ¿Has tenido alguna vez el día libre de MLK en la escuela?
2. ¿Cuál es el legado de Martin Luther King Jr. en Estados Unidos?
3. ¿Sigue sin cumplirse el sueño de MLK? (Incluso después de los movimientos por los derechos humanos)
4. ¿Y qué hay de la gente que no lo aceptó como un héroe; qué opina de esa gente?
5. ¿Cómo pueden sus palabras seguir siendo relevantes en la sociedad actual?

# James Farmer (1920-1999)

**Líder de los derechos civiles**

---

*"Hacemos lo que tenemos que hacer para poder hacer lo que queremos"*

---

James Farmer dirigió el Congreso de la Igualdad Racial (CORE) e introdujo las sentadas no violentas y las marchas por la libertad que se convirtieron en símbolos del movimiento por los derechos civiles de principios de la década de 1960. Sus esfuerzos, junto con los de otros, condujeron a la aprobación de la Ley de Derechos Civiles y la Ley de Derecho al Voto de 1964 y 1965.

James Leonard Farmer nació el 12 de enero de 1920 en Marshall, Texas. Creció en Holly Springs (Mississippi), donde su padre, que era ministro, enseñaba teología en el Rust College, un centro universitario exclusivamente para negros. Farmer estudió en el Wiley College de Texas y en la Universidad Howard de Washington, D.C. Influido por los métodos no violentos del líder indio Mahatma Gandhi, ayudó a fundar el CORE en 1942.

Después de que el Sur hiciera caso omiso de la decisión del Tribunal Supremo de los Estados Unidos de 1946, que declaraba que los asientos segregados en los autobuses interestatales eran inconstitucionales, el CORE protestó con el primer Viaje por la Libertad, en el que negros y blancos viajaron juntos. En mayo de 1961, el CORE organizó otro Viaje por la Libertad. Los jinetes fueron golpeados y atacados por la multitud. Sólo después de que el Fiscal General de los Estados Unidos, Robert Kennedy, ordenara a los funcionarios estatales que proporcionaran protección, se pudo completar el viaje, tras lo cual James Farmer pasó 40 días en las cárceles de Mississippi.

Farmer fue director nacional de CORE de 1961 a 1966, tras lo cual se presentó como candidato al Congreso de los Estados Unidos por Brooklyn, N.Y.; fue secretario adjunto del Departamento de Salud, Educación y Bienestar; escribió libros sobre relaciones laborales y raciales; y enseñó en varias universidades.

En 1998, el presidente Bill Clinton le concedió la Medalla Presidencial de la Libertad. James Farmer falleció el 9 de julio de 1999 en Fredericksburg, Va.

**Destacados**

- James Farmer, cuyo nombre completo es James Leonard Farmer, Jr., fue un activista de los derechos civiles estadounidense que, como líder del Congreso de la Igualdad Racial (CORE), contribuyó a dar forma al movimiento de los derechos civiles mediante su activismo no violento y la organización de sentadas y viajes por la libertad, que ampliaron el apoyo popular para la aprobación de las leyes de Derechos Civiles y de Derecho al Voto a mediados de la década de 1960.

- Renunció a la dirección del CORE en 1965, y en 1968 perdió una candidatura a un escaño en la Cámara de Representantes de Estados Unidos frente a Shirley Chisholm.
- En 1969-70 fue subsecretario de Sanidad, Educación y Bienestar Social con el presidente Richard M. Nixon.
- En 1985 Farmer publicó su autobiografía, Lay Bare the Heart, y en 1998 recibió la Medalla Presidencial de la Libertad.

---

*Preguntas de investigación*

---

1. ¿Cuál es su detalle favorito de James Farmer?
2. ¿Cómo crees que sería si él siguiera vivo hoy en día? ¿Seguiría existiendo el racismo en Estados Unidos? ¿Sería la pobreza un problema tan importante como lo es hoy?
3. ¿Quién influyó en su decisión de fundar CORE?

# Bob Marley (1945-1981)

**Cantante y compositor jamaicano**

---

*"Cuando una puerta está cerrada, no sabes que otra está abierta".*

---

Con su banda, los Wailers, el cantante y compositor jamaicano Bob Marley introdujo la música reggae en un público mundial. Su destilación reflexiva y continua de las primeras formas de ska, rock steady y reggae floreció en la década de 1970 en un híbrido electrizante con influencia del rock que lo convirtió en una superestrella internacional.

Robert Nesta Marley nació el 6 de febrero de 1945 en Nine Miles, St. Ann (Jamaica). Hijo de un capataz rural blanco, Norval Sinclair Marley, y de la hija negra de un custos local (respetado terrateniente), la ex Cedella Malcolm, Bob Marley seguiría siendo para siempre un producto único de mundos paralelos: su visión poética del mundo estaba moldeada por el campo, y su música por las duras calles del gueto de West Kingston. De niño, Marley era conocido por su tímido distanciamiento, su sorprendente mirada y su afición a la lectura de las manos.

Al principio de su adolescencia, Marley vivía en una vivienda subvencionada por el gobierno en Trench Town, una barriada desesperadamente pobre del oeste de Kingston que a menudo se comparaba con una cloaca abierta. A principios de la década de 1960, cuando era un escolar que trabajaba como soldador (junto con su compañero aspirante a cantante Desmond Dekker), Marley conoció el ska, una amalgama jamaicana de rhythm and blues estadounidense y mento (folk-calipso) que se estaba poniendo de moda.

Bob Marley era un admirador de Fats Domino, los Moonglows y el cantante pop Ricky Nelson, pero cuando llegó su gran oportunidad en 1961 de grabar con el productor Leslie Kong, grabó "Judge Not", una alegre balada que había escrito basándose en las máximas rurales aprendidas de su abuelo. Entre sus primeros temas se encuentra "One Cup of Coffee", una interpretación de un éxito de 1961 del cantante country tejano Claude Gray.

Marley también formó un grupo vocal en Trench Town con amigos que más tarde serían conocidos como Peter Tosh (nombre original Winston Hubert MacIntosh) y Bunny Wailer (nombre original Neville O'Reilly Livingston). El trío se autodenominó The Wailers (porque, como declaró Marley, "empezamos llorando"). Más tarde se les unió el vocalista Junior Braithwaite y las coristas Beverly Kelso y Cherry Green.

En diciembre de 1963, los Wailers grabaron "Simmer Down", una canción de Marley con la que había ganado un concurso de talentos en Kingston. A diferencia de la música de mento que se escuchaba en los porches de los hoteles turísticos locales o del pop y el rhythm and blues que se filtraba en Jamaica desde las emisoras de radio estadounidenses, "Simmer Down" era un himno urgente de los barrios de chabolas de las clases bajas de Kingston. Fue un gran éxito de la noche a la mañana y desempeñó un papel importante en la reestructuración de la agenda del estrellato en los círculos musicales jamaicanos. Ya no había que repetir los estilos de los artistas extranjeros; era posible escribir canciones crudas y sin concesiones para y sobre los marginados de los barrios bajos de las Indias Occidentales.

Esta audaz postura transformó tanto a Marley como a su nación insular, engendrando en los pobres de las ciudades un orgullo que se convertiría en una pronunciada fuente de identidad (y en un catalizador de las tensiones de clase) en la cultura jamaicana, al igual que la fe rastafari de los Wailers, un credo popular entre los empobrecidos del Caribe.

A los Wailers les fue bien en Jamaica a mediados de la década de 1960 con sus discos de ska, y el material de reggae creado en 1969-71 con el productor Lee Perry aumentó su estatura. Una vez que publicaron Catch a Fire a principios de la década de 1970 (el primer álbum de reggae concebido como algo más que una mera compilación de singles), su reggae, con un contorno exclusivamente rockero, se ganó una audiencia mundial. También hizo que el carismático Marley se convirtiera en una superestrella, lo que llevó gradualmente a la disolución del trío original hacia 1974.

A pesar de la disolución del grupo original, Marley continuó guiando a la banda de los Wailers a través de una serie de álbumes potentes y actuales. A estas alturas, Marley también contaba con el apoyo de un trío de vocalistas femeninas que incluía a su esposa, Rita; ella, al igual que muchos de los hijos de Marley, experimentó más tarde su propio éxito discográfico. Con canciones elocuentes como "No Woman No Cry", "Exodus", "Could You Be Loved", "Coming in from the Cold", "Jamming" y "Redemption Song", los álbumes más importantes de Marley fueron Natty Dread (1974), Live! (1975), Rastaman Vibration (1976), Exodus (1977), Kaya (1978), Uprising (1980) y el póstumo Confrontation (1983).

Bob Marley también fue una gran figura política y en 1976 sobrevivió a lo que se cree que fue un intento de asesinato por motivos políticos. Su intento de negociar una tregua entre las facciones políticas enfrentadas de Jamaica le llevó en abril de 1978 a encabezar el concierto por la paz "One Love". En abril de 1981, el gobierno jamaicano concedió a Marley la Orden del Mérito. Murió de cáncer un mes después, el 11 de mayo de 1981, en Miami, Florida.

A pesar de que sus canciones eran algunas de las más queridas y aclamadas por la crítica en el canon popular, Bob Marley fue mucho más reconocido en la muerte que en la vida. Legend (1984), una retrospectiva de su obra, se convirtió en el álbum de reggae más vendido de la historia, con unas ventas internacionales de más de 12 millones de copias.

**Destacados**

- Bob Marley, cuyo nombre completo es Robert Nesta Marley, fue un cantante y compositor jamaicano cuya destilación reflexiva de las primeras formas musicales del ska, el rock steady y el reggae floreció en la década de 1970 en un híbrido electrizante con influencia del rock que lo convirtió en una superestrella internacional.
- El intento de Marley de negociar una tregua entre las facciones políticas enfrentadas de Jamaica le llevó en abril de 1978 a encabezar el concierto por la paz "One Love".
- En abril de 1981, el gobierno jamaicano concedió a Marley la Orden del Mérito.
- Legend (1984), una retrospectiva de su obra, se convirtió en el álbum de reggae más vendido de la historia, con unas ventas internacionales de más de 12 millones de copias.

---

***Preguntas de investigación***

---

1. ¿Cuál es su canción favorita de Marley y por qué?
2. Si pudiera cambiar una cosa del mundo a través de la música de este hombre, ¿qué sería?
3. ¿Qué defendió en su momento?

# Tu regalo

Tienes un libro en tus manos.

No es un libro cualquiera, es un libro de Student Press Books. Escribimos sobre héroes negros, mujeres empoderadas, mitología, filosofía, historia y otros temas interesantes.

Ya que has comprado un libro, queremos que tengas otro gratis.

Todo lo que necesita es una dirección de correo electrónico y la posibilidad de suscribirse a nuestro boletín (lo que significa que puede darse de baja en cualquier momento).

¿A qué espera? Suscríbase hoy mismo y reclame su libro gratuito al instante. Todo lo que tiene que hacer es visitar el siguiente enlace e introducir su dirección de correo electrónico. Se le enviará el enlace para descargar la versión en PDF del libro inmediatamente para que pueda leerlo sin conexión en cualquier momento.

Y no te preocupes: no hay trampas ni cargos ocultos; sólo un regalo a la vieja usanza por parte de Student Press Books.

Visite este enlace ahora mismo y suscríbase para recibir un ejemplar gratuito de uno de nuestros libros.

Link: https://campsite.bio/studentpressbooks

# Libros

Nuestros libros están disponibles en las principales librerías online.
Descubra los paquetes digitales de nuestros libros aquí:
https://payhip.com/studentPressBooksES

**La serie de libros sobre la historia de la raza negra.**

Bienvenido a la serie de libros sobre la historia de la raza negra. Conozca los modelos de conducta de los negros con estas inspiradoras biografías de pioneros de América, África y Europa. Todos sabemos que la Historia de la raza negra es importante, pero puede ser difícil encontrar buenos recursos.

Muchos de nosotros estamos familiarizados con los sospechosos habituales de la cultura popular y los libros de historia, pero estos libros también presentan a héroes y heroínas afroamericanas menos conocidos de todo el mundo cuyas historias merecen ser contadas. Estos libros de biografías te ayudarán a comprender mejor cómo el sufrimiento y las acciones de las personas han dado forma a sus países y comunidades marcando a las futuras generaciones.

***Títulos disponibles:***

1. 21 líderes afroamericanos inspiradores: Las vidas de grandes triunfadores del siglo XX: Martin Luther King Jr., Malcolm X, Bob Marley y otras personalidades

2. 21 heroínas afroamericanas extraordinarias: Relatos sobre las mujeres de raza negra más relevantes del siglo XX: Daisy Bates, Maya Angelou y otras personalidades

**La serie de libros "Empoderamiento femenino".**

Bienvenido a la serie de libros Empoderamiento femenino. Descubre los intrépidos modelos femeninos de los tiempos modernos con estas inspiradoras biografías de pioneras de todo el mundo. El empoderamiento femenino es un tema importante que merece más atención de la que recibe. Durante siglos se ha dicho a las mujeres que su lugar está en el hogar, pero esto nunca ha sido cierto para todas las mujeres o incluso para la mayoría de ellas.

Las mujeres siguen estando poco representadas en los libros de historia, y las que llegan a los libros de texto suelen quedar relegadas a unas pocas páginas. Sin embargo, la historia está llena de relatos de mujeres fuertes, inteligentes e independientes que superaron obstáculos y cambiaron el curso de la historia simplemente porque querían vivir su propia vida.

Estos libros biográficos te inspirarán a la vez que te enseñarán valiosas lecciones sobre la perseverancia y la superación de la adversidad. Aprende de estos ejemplos que todo es posible si te esfuerzas lo suficiente.

***Títulos disponibles:***

1. 21 mujeres sorprendentes: Las vidas de las intrépidas que rompieron barreras y lucharon por la libertad: Angela Davis, Marie Curie, Jane Goodall y otros personajes
2. 21 mujeres inspiradoras: La vida de mujeres valientes e influyentes del siglo XX: Kamala Harris, Madre Teresa y otras personalidades
3. 21 mujeres increíbles: Las inspiradoras vidas de las mujeres artistas del siglo XX: Madonna, Yayoi Kusama y otras personalidades
4. 21 mujeres increíbles: La influyente vida de las valientes mujeres científicas del siglo XX

**La serie de libros de Líderes Mundiales.**

Bienvenido a la serie de libros de Líderes Mundiales. Descubre los modelos reales y presidenciales del Reino Unido, Estados Unidos y otros países. Con estas biografías inspiradoras de la realeza, los presidentes y los jefes de Estado, conocerás a los valientes que se atrevieron a liderar, incluyendo sus citas, fotos y datos poco comunes.

La gente está fascinada por la historia y la política y por aquellos que la moldearon. Estos libros ofrecen nuevas perspectivas sobre la vida de personajes notables. Esta serie es perfecta para cualquier persona que quiera aprender más sobre los grandes líderes de nuestro mundo; jóvenes lectores ambiciosos y adultos a los que les gusta leer sobre personajes interesante.

***Títulos disponibles:***

1. Los 11 miembros de la familia real británica : La biografía de la Casa de Windsor: La reina Isabel II y el príncipe Felipe, Harry y Meghan y más
2. Los 46 presidentes de América : Sus historias, logros y legados: De George Washington a Joe Biden
3. Los 46 presidentes de América: Sus historias, logros y legados - Edición ampliada

**La serie de libros de Mitología Cautivadora.**

Bienvenido a la serie de libros de Mitología Cautivadora. Descubre los dioses y diosas de Egipto y Grecia, las deidades nórdicas y otras criaturas mitológicas.

*¿Quiénes son estos antiguos dioses y diosas? ¿Qué sabemos de ellos? ¿Quiénes eran realmente? ¿Por qué se les rendía culto en la antigüedad y de dónde procedían estos dioses?*

Estos libros presentan nuevas perspectivas sobre los dioses antiguos que inspirarán a los lectores a considerar su lugar en la sociedad y a aprender sobre la historia. Estos libros de mitología también examinan temas que influyeron en ella, como la religión, la literatura y el arte, a través de un formato atractivo con fotos o ilustraciones llamativas.

***Títulos disponibles:***

1. El antiguo Egipto: Guía de los misteriosos dioses y diosas egipcios: Amón-Ra, Osiris, Anubis, Horus y más

2. La antigua Grecia: Guía de los dioses, diosas, deidades, titanes y héroes griegos clásicos: Zeus, Poseidón, Apolo y otros
3. Antiguos cuentos nórdicos: Descubriendo a los dioses, diosas y gigantes de los vikingos: Odín, Loki, Thor, Freya y más

**La serie de libros de Teoría Simple.**

Bienvenido a la serie de libros de Teoría Simple. Descubre la filosofía, las ideas de los antiguos filósofos y otras teorías interesantes. Estos libros presentan las biografías e ideas de los filósofos más comunes de lugares como la antigua Grecia y China.

La filosofía es un tema complejo, y mucha gente tiene dificultades para entender incluso lo más básico. Estos libros están diseñados para ayudarte a aprender más sobre la filosofía y son únicos por su enfoque sencillo. Nunca ha sido tan fácil ni tan divertido comprender mejor la filosofía como con estos libros. Además, cada libro también incluye preguntas para que puedas profundizar en tus propios pensamientos y opiniones.

***Títulos disponibles:***

1. Filosofía griega: Vidas e ideales de los filósofos de la antigua Grecia: Sócrates, Platón, Protágoras y otros
2. Ética y Moral: Filosofía moral, bioética, retos médicos y otras ideas éticas

**La serie de libros Empoderamiento para jóvenes empresarios.**

Bienvenido a la serie de libros Empoderamiento para jóvenes empresarios. Nunca es demasiado pronto para que los jóvenes ambiciosos comiencen su carrera. Tanto si eres una persona con mentalidad empresarial que intentas construir tu propio imperio, como si eres un aspirante a empresario que comienza el largo y sinuoso camino, estos libros te inspirarán con las historias de empresarios de éxito.

Conoce sus vidas y sus fracasos y éxitos. Toma el control de tu vida en lugar de simplemente vivirla.

***Títulos disponibles:***

1. 21 empresarios de éxito: Las vidas de importantes personalidades exitosas del siglo XX: Elon Musk, Steve Jobs y otros
2. 21 emprendedores revolucionarios: La vida de increíbles personalidades del siglo XIX: Henry Ford, Thomas Edison y otros

**La serie de libros de Historia fácil.**

Bienvenido a la serie de libros de Historia fácil. Explora varios temas históricos desde la edad de piedra hasta los tiempos modernos, además de las ideas y personas influyentes que vivieron a lo largo de los tiempos.

Estos libros son una forma estupenda de entusiasmarse con la historia. Los libros de texto, áridos y aburridos, suelen desanimar a la gente, pero las historias de personas corrientes que marcaron un punto de inflexión en la historia mundial, son muy atrayentes. Estos libros te dan esa oportunidad a la vez que te enseñan información histórica importante.

***Títulos disponibles:***

1. La Primera Guerra Mundial, sus grandes batallas y las personalidades y fuerzas implicadas
2. La Segunda Guerra Mundial: La historia de la Segunda Guerra Mundial, Hitler, Mussolini, Churchill y otros protagonistas implicados
3. El Holocausto: Los nazis, el auge del antisemitismo, la Noche de los cristales rotos y los campos de concentración de Auschwitz y Bergen-Belsen
4. La Revolución Francesa: El Antiguo Régimen, Napoleón Bonaparte y las guerras revolucionarias francesas, napoleónicas y de la Vendée

Nuestros libros están disponibles en las principales librerías online.
Descubra los paquetes digitales de nuestros libros aquí:
https://payhip.com/studentPressBooksES

# Conclusión

Esperamos que hayas disfrutado leyendo sobre estos 21 líderes afroamericanos inspiradores del siglo XX. Desde el Dr. King hasta Jackie Robinson, estos individuos son una inspiración, ¡Esperamos que hayas aprendido algo nuevo!

¿Has leído sobre cómo estos iconos superaron la adversidad a través de la educación y el trabajo duro, al mismo tiempo que lograron un gran impacto en el camino? ¿Te ha inspirado alguno de estos líderes afroamericanos?

Las 21 fascinantes historias de este libro no sólo tratan de los logros de estos líderes afroamericanos, sino también de sus vidas. Muchos se enfrentaron a adversidades en su camino para lograr lo que querían mientras desafían la sociedad. Tuvieron que pasar por duras luchas, pero valió la pena todo el trabajo cuando se analiza lo mucho que lograron.

Espero que hayas aprendido mucho de este libro. Vuelve a leerlo algún día.

¿Has leído esta lectura educativa? ¿Qué te ha parecido? ¡Háznoslo saber con una bonita reseña del libro!

Nos encantaría, así que no dejes de escribir una.

www.ingramcontent.com/pod-product-compliance
Ingram Content Group UK Ltd.
Pitfield, Milton Keynes, MK11 3LW, UK
UKHW022014190726
13853UKWH00005B/1919